Wo Wunder geschehen

ECON Esoterik

Zum Buch:

Wunder haben die Menschen schon immer fasziniert. Die ewige Sehnsucht nach himmlischen Beschützern und Schutzengeln ist auch in unseren rationalen Zeiten lebendig. Joan Wester Anderson hat hier eine Sammlung bewegender, ja herzerwärmender Erzählungen von gewöhnlichen Menschen, die sich eines Tages in größter Gefahr befanden und von liebevollen Wesen auf unerklärbare, wundersame Weise gerettet wurden, zusammengestellt.

Zur Autorin:

Joan Wester Anderson lebt in Chicago. Seit 1973 schreibt sie für verschiedene Zeitschriften und Magazine. Ihr Buch *Where angels walk*, ein Bestseller in den USA (The New York Times), wurde in fünf Sprachen übersetzt und erscheint demnächst bei ECON.

Joan Wester Anderson

WO WUNDER GESCHEHEN

Von außergewöhnlichen Begegnungen mit Engeln und himmlischen Mächten

Aus dem Amerikanischen
von S. Yaconetti

ECON Taschenbuch Verlag

Veröffentlicht im ECON Taschenbuch Verlag
Deutsche Erstausgabe

First published by Arrangement with Brett Books, Inc.
Titel des amerikanischen Originals: Where Miracles Happen
Aus dem Amerikanischen übersetzt von S. Yaconetti
Umschlaggestaltung: Init GmbH, Bielefeld
Lektorat: Oliver Deutsch
Gesetzt aus der Goudy Old Style
Satz: HEVO GmbH, Dortmund
Druck und Bindearbeiten: Ebner Ulm
Printed in Germany
ISBN 3-612-27964-5

Für meinen Mann, meine Kinder und mein Enkelkind.
Für meine Mutter, meinen Bruder und meine Schwestern.
Und für Barbara Brett, meine Mentorin und Seelenverwandte –
Ihr seid die Wunder in meinem Leben.

Nur so viel ist vom Himmel sichtbar, wie wir mit unseren Augen zu sehen vermögen.

WILLIAM WINTER

DANKSAGUNG

Ich möchte denen danken, die mich bei meinen Nachforschungen und beim Schreiben so hilfreich unterstützt haben.

Ich möchte Hochwürden Andrew M. Greely, Professor für Sozialwissenschaften, danken und den Mitarbeitern des Meinungsforschungsinstituts (NORC) an der Universität von Chicago; Maureen Quinn von der Gallup Organisation, Princton, New Jersey; Donna Jarvis vom Büro für Copyright bei World Music in Irving, Texas; Sharon von »Breakthrough Ministries« in Virginia; Ann Shields von »Renewal Ministries« in Ann Arbor, Michigan; und den Autoren Charles und Frances Hunter.

Auch die Forschungsabteilungen der Christlichen Rundfunk Sendegruppe und das »Guidepost Journal« verdienen erwähnt zu werden, sowie das Islamische Informationszentrum Amerikas. Die Asher Library am Spertus College in Judaica, die Compassionate Friends, die Dwedenvorg Foundation und die Untersuchungen, die von der Abteilung für Soziologie und Anthropologie an der Purdue Universität gemacht wurden, lieferten wertvolle Hintergrundinformation.

Ein besonderes Wort des Dankes geht an Kathleen Choi, Kolumnistin beim *Hawaii Catholic Harold*, John Ronner, Autor von *Do You Have a Guardian Angel?*, Gustav Niebuhr vom *The Wall Street Journal* und Andrea Gross, Mitglied der »American Society of Journalists and Authors« und an die Reporter aus dem ganzen Land, die ihr Wissen zur Verfügung stellten.

Ich bedanke mich bei Tom Skellings, er ist Meteorologe bei WGN Radio in Chicago; Christine Z. Pundy, Augenärztin in

Arlington Hights in Illinois; und Kapitän Thomas Anderson von der Feuerwehr in Chicago.

Zu großem Dank bin ich auch den Redakteuren verpflichtet, die meinen Brief abdruckten, in dem ich die Leserschaft bat, ihre wunderbaren Erlebnisse zu erzählen, besonders jenen vom *Writers Information Network, Liguorian, Women & Money, Leaves, Chicago Parent und Home Times.*

Besonderer Dank gilt den Freunden, die mich ermuntert und bekräftigt haben, und den Hunderten von Lesern, die mir ihre Geschichten und Kommentare schickten, welche eine ergiebige Quelle für die nun folgenden Seiten darstellten.

Mögen wir alle unsere Suche nach Gott nicht aufgeben und uns, um es mit den Worten von Henri Nouwen zu sagen, folgendes ins Gedächtnis zurückrufen: »Je näher wir Ihm kommen, desto näher kommen wir uns.«

J.W.A.
Arlington Heights, Illinois

INHALT

DER ANFANG

PROLOG

Er begleitet mich und Er spricht zu mir,
Und sagt zu mir, ich bin Sein …

»IN THE GARDEN«, VOLKSLIED

1971, kurz nach dem Einzug in unser neues Haus in einem Vorort nordwestlich von Chicago, lernte ich Lynne Gould kennen. Sie stand eines Morgens mit ihren Söhnen vor unserer Tür, um uns in der Nachbarschaft willkommen zu heißen. Ich bat sie hereinzukommen, aber sie warf nur einen Blick auf die Kisten mit dem Vermerk »Vorsicht – Porzellan« und winkte freundlich ab. Dadurch war sie mir sofort sympathisch.

Die Goulds wohnten direkt hinter uns. Unsere Gärten trennte nur eine niedrige Hecke, in der eine Öffnung war, die wir als Tor benutzten. Zwar mochte ich alle Nachbarn, aber Lynne war etwas Besonderes. Wir fühlten uns augenblicklich einander verbunden und sprachen schon bald nicht mehr nur über Alltägliches, sondern auch über unsere Gefühle und Ansichten.

Nur wenige Themen waren tabu. Die Spiritualität war unser Lieblingsthema. Wir fanden bald heraus, daß wir verschiedene Einstellungen hatten, obwohl wir beide katholisch waren. Lynne war unbeschwerter. Sie vertraute Gottes zärtlicher Fürsorge, seinem Interesse an ihrem Leben. Und ich? Ein Philosoph hat einmal gesagt, die größte Entfernung, die ein Mensch je zurücklegen mußte, ist die zwischen dem Kopf und dem Herzen. Ich war pflichtbewußt, ein bißchen zu gewissenhaft und streng mit mir selbst. Ich habe Gott zwar nie als schroff oder angsteinflößend betrachtet, aber mir fiel es trotzdem schwer zu glauben, daß seine Liebe zu mir bedingungslos war. Und was Wunder anging? Wunder erlebten nur Heilige und nicht normale Menschen wie ich.

Wir wohnten erst ein paar Wochen in unserem Haus, als der Herbst Einzug hielt und die ersten Bäume ihre Blätter verloren. Sie *regneten* herab und Laub bedeckte unseren Garten. Beflissen sammelte ich die Blätter in großen Tüten, und eines Nachmittags, die Kinder waren in der Schule, ging ich in den Garten, um zu rechen.

Es war ein sonniger, wunderschöner Tag, aber ich kam nur langsam voran. Nach einer Stunde hatte ich erst sechs Tüten gefüllt, mehrere Laubberge warteten noch auf mich, und die Hälfte des Gartens lag noch voller Blätter. Hausbesitzer zu sein verlor langsam seinen Reiz. Ich stützte mich einen Moment lang auf die Harke und strich mir das Haar aus dem Gesicht – die Welt schien stillzustehen. Meine Ringe! Mein Verlobungsring und mein Ehering – beide hatte ich seit meiner Hochzeit nicht mehr abgelegt – waren fort.

In diesem Moment kam Lynne in den Garten. Obwohl sie bestimmt fünfzehn Meter von mir entfernt war, mußte sie den Schrecken in meinem Gesicht gesehen haben. »Was ist denn los?« rief sie.

»Meine Ringe – sie sind weg!« Mir versagte beinahe die Stimme. Ich hatte ein wenig abgenommen, und sie mußten mir vom Finger gerutscht sein. Aber wann? Und wo?

Lynne kam über den Rasen hinweg auf mich zu. »Wann hast du sie zum letzten Mal gesehen?« fragte sie.

Ich versuchte krampfhaft, mich zu erinnern, und rief mir all die kleinen Dinge ins Gedächtnis zurück, die ich im Laufe des Tages getan hatte. Das Frühstück für die Kinder, das Wäschewaschen – wie oft schauen wir auf unsere Hände, ohne sie wirklich zu sehen. Aber ich war mir sicher, ich hätte es bemerkt, wenn ich die Ringe früher am Tag verloren hätte.

»Ich muß sie hier draußen verloren haben«, sagte ich und blickte ratlos im Garten umher. Wie sollte ich hier etwas wiederfinden? Ich würde die Ringe nie wiedersehen. Und sie waren nicht nur nicht versichert, sie waren mir auch lieb und teuer – unersetzbar ... Mir stiegen Tränen in die Augen.

Lynne jedoch sah es von der praktischen Seite: »Laß uns beten«, sagte sie und kniete sich ins Laub. Und da sie meine Hand hielt, tat ich es ihr nach.

»Gott«, fing Lynne ohne Vorrede an, »wir haben ein Problem ...« Sie umschrieb kurz unsere Lage.

Trotz meiner Aufregung war es mir ein bißchen peinlich. Was, wenn uns ein Nachbar sah – in der Öffentlichkeit betend! Doch gleichzeitig war ich fasziniert. Lynne sprach zu Gott, als sei Er ihr wirklicher Vater, jemand, der sie liebte und der an allem, was sie erzählte, interessiert war. Nun, warum nicht, dachte ich plötzlich. *Ich bin eine Mutter, und es gibt nichts, was ich meinen Kindern verweigern würde.* Wenn ich wirklich Sein Kind war, war das dann nicht das gleiche?

Lynne hatte zu Ende gesprochen. »Wir brauchen ein Wunder, Gott«, hörte ich sie sagen. »Bitte, laß uns die Ringe finden.« Sie hockte sich hin und suchte mit ihren Augen den Garten ab. Nicht eine Sekunde lang glaubte ich, daß Gott ihrer Bitte tatsächlich nachkäme. Aber Lynne war wenigstens so freundlich gewesen, mir beizustehen.

Während ich sie beobachtete, streifte ihr Blick die orange- und gelbfarbenen Laubhügel. Dann erhob sie sich langsam und lief quer durch den Garten. Sie blieb vor einem Hügel am anderen Ende stehen, beugte sich vor, steckte ihre Hand hinein und richtete sich dann auf. »Hier sind sie«, sagte sie und schaute dabei auf ihre Hand. »Hier sind deine Ringe.«

Wahrscheinlich habe ich aufgeschrien, bevor ich zu ihr lief. Da waren sie, meine *beiden* Ringe, ganz ohne Zweifel. Wir sahen uns an und grinsten. »Wie hast du –?« Ich war sprachlos.

Sie lachte. »Ich habe nichts getan. Gott war es. Ich hatte nur so eine Ahnung, wo ich suchen sollte.«

»Aber das ist doch unmöglich …«

»Nicht wirklich«, sagte sie nur. »Wir haben um ein Wunder gebeten, oder etwa nicht?«

Irgend etwas Großartiges schien in der Luft zu liegen, etwas Ehrfurchtgebietendes und Wunderbares. War es das, was mit Vertrauen gemeint war? Wie zwei kleine Mädchen hatten wir uns unserem Vater genähert, ein zerbrochenes Spielzeug in Seinen Schoß gelegt und Ihn voller Zuversicht gebeten (zumindest Lynne hatte es getan) »Daddy, bitte, kannst du es reparieren?«

Warum sollte ich überrascht sein, daß Er es auch wirklich getan hatte?

WAS SIND EIGENTLICH WUNDER?

> *Ein Wunder ist ein übernatürliches Ereignis, ein Strahl übersinnlicher Macht, der in die Geschichte eindringt ... Er durchdringt die Mauer, die diese Welt von einer anderen trennt.*
>
> TIME, 30. DEZEMBER 1991

In einer Umfrage im Jahre 1989 wurde festgestellt, daß 89 Prozent aller Amerikaner an Wunder glauben. Hauptsächlich deshalb, weil solche Ereignisse darauf schließen lassen, daß es Gott gibt, daß Gott uns liebt und daß unser Leben einen Sinn hat. Mein Interesse an diesem Thema vertiefte sich, als wir die Ringe im Garten wiederfanden. Was ist eigentlich ein Wunder, fragte ich mich. Woher wissen wir, wann eins geschieht?

In Webster's Enzyklopädie heißt es, ein Wunder ist »ein Ereignis oder ein Vorgang, welcher sich anscheinend im Widerspruch zu den Gesetzen der Wissenschaft ereignet und deshalb übernatürlichen Mächten zugeschrieben wird«. Ob kompliziert oder schlicht, die meisten Wunder sind *positive* Ereignisse, die unerwartet eintreten und sich außerhalb des normalen Lebensbereichs zutragen. »Wenn man etwas erklären kann«, sagt Betty Malz, Autorin von *Angels Watching Over Me*, »dann ist es kein Wunder mehr«.

Wunder sind auch nicht gefährlich. Wenn ein Wunder geschieht, hat man für gewöhnlich eine Ahnung von Gottes absichtlichem Eingreifen, einer Veränderung, einer *Antwort*.

Unter den vielen Weltreligionen finden wir unterschiedliche

Auffassungen von Wundern. Die katholische Kirche zum Beispiel akzeptiert deren Existenz, aber nur dann, wenn das Ereignis wissenschaftlichen Gesetzen widerspricht. Und Behauptungen können nicht ohne weiteres auf ihre Richtigkeit überprüft werden. Ein Beispiel ist der Schrein von Lourdes in Frankreich. Obwohl dort angeblich Tausende von göttlicher Hand geheilt wurden, bestanden nur 65 Heilungen die strengen Untersuchungen der Internationalen Medizinischen Kommission und wurden offiziell als Wunder anerkannt. Seit 1981 wurden Millionen von Menschen in Medjugorje, im ehemaligen Jugoslawien, Zeugen außerordentlicher Ereignisse. Aber die Kirche setzt ihre Untersuchungen kommentarlos fort, und das sicherlich noch für viele Jahre.

Protestantische Wunderbekenntnisse lauten anders: Einige Menschen glauben, Jesus habe Kranke geheilt, Essen vermehrt, die Wogen des Meeres geglättet, um seine Kirche auf Erden errichten zu können, und dann seien die vom Himmel gelenkten Wunder ausgeblieben. Martin Luther leugnete ursprünglich, daß es göttliche Heilung und andere Wunder gebe, änderte aber später seine Meinung. Johann Calvin schrieb in *Christianae religionis institutio:* »Solche Gaben verschwanden, damit die Lehre des Evangeliums auf ewig wunderbar bleibe«.

Ein im Jahr 1987 veröffentlichtes Dokument des Fuller-Priesterseminars mit dem Titel *Geistlichkeit und Wunder* bekräftigt jedoch, daß eine Vielzahl von Religionen akzeptiert, daß Gott Wunder geschehen läßt, auch wenn »wir unsere Behauptungen dem strengsten empirischen Test offenkundig unterziehen lassen müssen«, um uns gegen Scharlatane und Falschmeldungen zu schützen.

Diese Ansicht teilen auch die etwas charismatischeren Christen. »In dieser Zeit des Zweifels höre ich oft Menschen, die sagen, ›aber Gott läßt keine Wunder mehr geschehen‹«, schreibt Harald Bredesen, Pfarrer und Autor von *Need a Miracle?*

»Ich habe Neuigkeiten für Sie – gute Neuigkeiten. Gott läßt nicht weniger Wunder geschehen!« Vielleicht verhindern die Menschen die Verfügbarkeit von Wundern oder die Antwort auf Gebete überhaupt, sagt Bredesen, »weil sie bewußt oder unbewußt ein zu eingeschränktes Bild von Gott haben, ihn nach Kriterien menschlicher Unzulänglichkeit beurteilen«.

Auch Anhänger des jüdischen Glaubens glauben an Wunder. »Gott unterwirft sich nicht den Gesetzen, die Er für das Universum aufgestellt hat«, schreibt Rabbi Simon Greenberg in *A Jewish Philosophy and Pattern of Life*. »Er bleibt ihr unangefochtener Meister, der willkürlich zu manipulieren die Macht hat.«

Trotzdem soll der Glaube eines Menschen nicht von Wundern abhängen, warnt Rabbi Jack Riemer, Präsident der Greater Miami Rabbi Association. »Wunder sind der Zuckerguß auf dem Kuchen. Aber, wie meine Frau Sue sagt, wir müssen den Kuchen erst einmal backen!« fügt er lächelnd hinzu. »Wir können um sie beten, aber wir haben die Pflicht, zu handeln und zu arbeiten, als existierten sie nicht.« Praktisch heißt das also, daß jüdische Gläubige sich auf »Wunder, die uns täglich begegnen« konzentrieren, auf die Segen des Schönen im Alltag.

Der Standpunkt im Islam ist ähnlich. »Wunder geschehen durch die Gnade Allahs, des einzigen Gottes, nicht durch unsere eigene Macht«, sagt Dr. Musa Qutub, Präsident des Islamischen Informationszentrums in Amerika. »Wir können alles erbitten, weil alles möglich ist.« Durch die Bitte allein wächst unser Glaube. »Niemand, der Allah seine Hand hinstreckt, bleibt ungehört«, erklärt Dr. Qutub.

Sind wir in der Lage, Wunder »zu beweisen«? Gewöhnlich nicht. Auch wenn die Umstände erstaunlich scheinen, letzten

Endes muß der Beobachter selber entscheiden. Doch manchmal erkennen wir ein Wunder aufgrund unserer Reaktion – vielleicht durch einen Stich im Magen, ein Schaudern, vergossene Tränen oder das heftige Schlagen unseres Herzens. Wunder können auch im Nachhinein erkannt werden, wenn wir sehen, wie sie unser Leben verändert haben.

Mein »Wunder der Ringe« hat mich verändert. Allmählich wuchs meine Bereitschaft, um spirituelle Hilfe zu bitten und Gottes Plan für mich ausfindig zumachen. Ich hatte weniger Angst, für »unwürdig« gehalten zu werden. Aber erst 1992, während ich mein achtes Buch *Where Angels Walk* schrieb, öffnete sich mir ein neues Tor des Verstehens. Viele Leute waren von den Geschichten anderer Menschen, die gerettet, getröstet oder auf besondere Weise von einem Engel berührt worden waren, so gerührt, daß sie mir ihre himmlischen Erlebnisse erzählten. (Einige baten darum, anonym zu bleiben und werden hier mit einem Asterix [*] gekennzeichnet.) Die meisten schrieben mir als Reaktion auf mein Buch oder sprachen mich nach Vorträgen an. Andere wiederum riefen bei Radiosendungen an, bei denen ich zu Gast war.

Es war ein beeindruckendes Erlebnis, wenn ich in meinem Arbeitszimmer saß, manchmal spät in der Nacht, und mit Menschen in der ganzen Welt Kontakt hatte, die ihre Erlebnisse mit Engeln anderen Menschen mitteilen wollten. Oder wenn ich sah, wie sich auf dem Gesicht eines Fremden, der an meinen *Signiertisch* trat, das erwachende Bewußtsein über Gottes Liebe abzeichnete oder aber wenn mir jemand zögernd im Warteraum eines Flughafens sein Herz ausschüttete. Jeder Tag brachte traurige Geschichten, die glücklich endeten. Leben, die vom Erwachen erfüllt waren. Streben, das letzten Endes in den Armen des Vaters geendet hatte.

Einige dieser Begegnungen wurden durch Engel herbeigeführt, andere durch Angehörige, die bereits im Paradies waren. Antworten auf Gebete, unerwartete Genesungen, die Wunder der Natur ... Hin und wieder gab es Geschichten mit mehreren spirituellen Elementen, und es war schwierig, diese einzuordnen, aber dafür war es um so erfreulicher, sie zu hören. Am aufschlußreichsten aber war es zu erkennen, daß Gott nicht nur an geweihten Orten wirkt, sondern *überall*. Die größten und bewegendsten Abenteuer mit Ihm passieren nicht zu Füßen eines weit entfernten Gurus, sondern in unseren Küchen, unseren Autos, unseren Gemeinden, dort, wo auch immer die Herzen flüstern »Komm, Herr, komm ...«

Nach und nach wurde mir klar, daß solche Ereignisse zu kostbar waren, um sie in meinen Akten verstauben zu lassen. Während ich sie las und hörte, wußte ich, daß ich sie in einem Buch festhalten mußte, das nicht nur von Engeln handelte, sondern auch von Glaube und Liebe ... und – ja – von Wundern. Der Sproß, den Gott in meinem Garten gepflanzt hatte, fing endlich an Früchte zu tragen.

Buch eins

DIE WUNDERBARE KRAFT DES BETENS

DIE KRAFT DES GEBETS

Sie mögen niemals mein sein. Der Laib oder der Kuß oder das Reich, weil ich flehentlich bitte; aber ich weiß, daß meine Hand dem Himmel näher ist, weil ich danach greife.

EDWIN QUARLES, »PETITION«

Janice Stiehler aus Baldwin, New York, fing an sich Sorgen zu machen, als das Spiel der Yankees, zu dem ihr Sohn gegangen war, in eine weitere Runde ging. Kurt und seine Freunde mußten nachts noch mit der U-Bahn zur Penn Station fahren. Janice ging zu Bett, aber um Punkt ein Uhr zehn schreckte sie das Geräusch einer splitternden Scheibe auf, so, als breche jemand ins Haus ein. Voller Angst weckte sie ihren Mann. Sie schauten überall nach. Doch einen Hinweis auf Einbrecher konnten sie nirgends finden. Kurt war noch nicht zu Hause. »Aus irgendeinem Grund hatte ich plötzlich das Bedürfnis zu beten«, erinnert sich Janice. Sie setzte sich in die Küche, betete – und wartete.

Eine Stunde später rief ein Sicherheitsbeamter von der Penn Station an. Die Jungen hätten im Bahnhof herumgetobt und Kurt wäre in ein riesiges Schaufenster gefallen. Von den Glassplittern hätte sein Arm eigentlich völlig zerschnitten sein müssen, erklärte der Beamte. Aber Kurt sei vollkommen unverletzt, ja ohne einen Kratzer geblieben.

»Wann ist es denn passiert?« fragte Janice.

»Um ein Uhr fünfzehn«, lautete die Antwort.

Nun war Janice alles klar. Sie war rechtzeitig aufgewacht,

um für Kurt zu beten. Und irgendwie, über eine Entfernung von Meilen hinweg, hatten ihn ihre Gebete beschützt.

Wenn so etwas geschieht, glauben wir meistens, es sei Zufall oder einzig das Ergebnis unserer Bemühungen, und manchmal ist es auch so. Aber manche Dinge ereignen sich auch, weil wir beten.

Gebet heißt im allgemeinen, daß wir unsere Herzen und Gemüter Gott zuwenden. Wir können Gott rühmen und anbeten, Reue ausdrücken für etwas, das wir getan haben, uns bedanken oder um Hilfe bitten. Das Gebet umfaßt alle menschlichen Emotionen – von Trauer oder Wut bis hin zu Erstaunen. Ein Gebet kann einem bestimmten Ereignis folgen oder einfach so daherkommen, wie eine Plauderei mit einem Freund. Im Idealfall stiehlt uns das Gebet keine Zeit, sondern füllt unsere Zeit aus«, sagt der Quäker und Autor Thomas Kelly. »Es ist eine unmittelbare Empfänglichkeit für den göttlichen Atem.«

Wir Amerikaner sind fromme Menschen. Drei Viertel von uns behaupten, mindestens einmal in der Woche zu beten, und 52 Prozent täglich. Vor Jahren sagte ich zu einer Freundin, ich wünschte, ich hätte mehr Zeit zum Beten. Sie sah mich an. »Für mich gibt es überhaupt keine Zeit, in der ich *nicht* bete«, sagte sie. Sie hatte recht. Sobald das Gebet das Wichtigste in meinem Leben wurde, schenkte mir Gott all die Zeit, die ich für andere Dinge benötigte, oder wenigstens für all das, was ich Seiner Ansicht nach erledigen sollte!

Aber ist es denn überhaupt nötig zu beten? Wenn Gott weiß, was wir brauchen, warum gibt Er es uns dann nicht einfach?

»Das Gebet ist sicherlich nicht dazu da, Gott herumzukriegen, etwas zu tun, daß Er lieber nicht täte, oder Ihm einen Gefallen abzuringen«, sagt George Martin, Vorsitzender von

Catholic Charismatic Renewal. »Man muß Gott nicht dazu überreden, uns zu lieben.«

Das Gebet scheint unser Wohlergehen zu garantieren. Es stellt uns in eine enge Beziehung zu unserem Schöpfer, es füllt das göttliche Vakuum in uns, dem mit nichts anderem als mit Gott Genüge getan werden kann. »Gebete sind nicht dazu da, daß Gott uns erhört«, sagt der Historiker William McGill, »sondern, daß wir schließlich Gott zuhören.«

Manchmal allerdings haben wir eine falsche Auffassung vom Gebet. Wir machen einen Plan und bitten Gott dann, ihn zu segnen. Wenn Er es nicht tut, schließen wir daraus, daß Er unser Gebet nicht erhört hat. Aber das hat Er. Er hat »nein« gesagt, weil das, worum wir Ihn baten, nicht zu unserem Besten ist. Man könnte es mit einer Mutter vergleichen, die mit ihrem Kind einkaufen geht. Der kleine Joey sieht ein Spielzeug. Er will es unbedingt haben. Aber das Spielzeug ist schlecht verarbeitet und die Mutter weiß, daß es bald kaputt gehen und Joey dann traurig sein würde. In der nächsten Woche hat Joey Geburtstag, und sie hat schon ein knallrotes Dreirad versteckt, über das er sich sicherlich viel mehr freuen wird als über dieses Spielzeug.

Die Mutter kauft ihm das Spielzeug nicht, und Joey wird wütend. Wie wir hat auch er nicht verstanden, daß seine Mutter einen größeren Weitblick hat – und noch etwas viel Besseres für ihn bereit hält.

Das Gebet hat eine noch größere Wirkung, wenn man der Liebe Gottes vertraut und das eigene Leben in seine Hände legt. Die verstorbene Autorin Catherin Marshall hat einmal gesagt, daß »Gott sich weigert, unseren freien Willen einzuschränken; erst wenn der eigene Wille freiwillig aufgegeben wird, kann Gott unsere Gebete erhören.« Immer wenn sie aufhörte, sich zu sperren und statt dessen sagte: »Okay, Gott, wie du willst«, erhielt sie aufregende Antworten.

Wir können alleine beten oder mit anderen, in einer Gruppe oder aus persönlichem Ansinnen. Die Erste Baptistische Kirche in Fort Lauderdale in Florida ist eine der vielen Gemeinden, die das Wächter-Programm anwenden: Eine über die andere Stunde legen je vier Freiwillige bei sich zu Hause Fürsprache für unsere Nation ein. Während sie beten, wendet sich ein jeder von ihnen in eine andere Richtung, so wie ein Wächter. (Aus Jesaja 62,2: »O Jerusalem, ich will Wächter auf deine Mauern bestellen, die den ganzen Tag und die ganze Nacht nimmer stillschweigen sollen.«)

Viele Menschen behaupten, sie hätten das Gefühl, gestärkt, ja sogar *getragen* zu werden, wenn andere in einer schwierigen Zeit Fürbitte für sie halten. »Ich weiß nicht, wie ich es ohne Gebete durchgestanden hätte«, sagen sie. Und sie haben recht.

»Haben sie je ausgerufen: ›Gott, warum gerade ich? Warum muß ich leiden? Warum ist jemand, den ich liebe, gestorben? Warum sind meine Bemühungen fehlgeschlagen?‹«? Es ist nicht leicht zu verstehen, warum in unserer Welt Schmerz existiert, warum Gebete scheinbar unerhört bleiben. Vielleicht wartet Gott darauf, daß wir gegenseitig unsere Wunden heilen. Vielleicht ist unser Blick aber auch eingeschränkt. »Wir auf der Erde sehen nur die Unterseite des Teppichs, all die Fäden und Knoten«, sagt der holländische Missionar Corrie ten Boom. »Aber es wird die Zeit kommen, in der wir den Teppich in seiner ganzen Pracht sehen können.« Letztlich wird alles einen Sinn ergeben.

Bis dahin aber können wir uns durchs Beten an Gottes Hand festhalten, so wie es die Menschen in den folgenden Geschichten taten. Sie lernten, daß keine Arbeit zu schwer, kein Schmerz zu groß, kein Leben zu armselig ist – da Gott bei ihnen weilt.

EIN VERSPRECHEN AM MUTTERTAG

Etwas geschieht, wenn wir beten,
Nimm Platz und halt inne,
Ringe mit Dir, bis der Tag beginnt
Für immer laß uns beten.

ANONYM

Schon seit über zwei Jahren wünschten sich Kenny und Sue Burton ein Baby. Monat für Monat wurde sie, trotz zahlreicher Untersuchungen, enttäuscht. Die Bewohner der kleinen Stadt Frankfort in Kansas wußten vom Traum der Burtons und beteten für sie.

Damals sang Sue in einem Sextett mit, das von Frauen der Frankforter Methodistischen Kirche ins Leben gerufen worden war. Ironischerweise hieß die Gruppe »Eilzustellung«. Sie traten regelmäßig bei Mutter-Tochter-Banketten auf, bei Elk und Moose-Klubtreffen und einigen anderen Veranstaltungen. »Oft erzählten wir dem Publikum ein paar Geschichten aus unserem Leben«, erklärt Sue. »Jede Altersgruppe war bei uns vertreten, vom Teenager bis zur Großmutter, und die Leute konnten sich mit uns identifizieren.«

Die anderen Chormitglieder, die von Sues Sehnsucht wußten, ermunterten sie, dem Publikum davon zu erzählen, und sie tat es. Die Reaktion war meistens ausgesprochen positiv. Nach den Weihnachtskonzerten kamen viele Leute auf Sue zu und versicherten ihr, sie würden sich den Gebeten der Nachbarn anschließen. Im März sagte sogar eine Frau aus South Dakota voraus, daß Sue in einem Jahr eine Tochter haben würde. Obwohl Sue und Kenny immer noch nicht im entferntesten daran dachten, ein Kinderzimmer einzurichten, half es ihnen doch, daß so viele Menschen mitfühlten.

Am Muttertagswochenende fuhren Sue und ihre Mutter nach Kansas City zu Sues Schwester Shelley, die dort das College besuchte. Die drei vertrieben sich den ganzen Sonnabend mit Einkäufen, und Sue schloß jedesmal, wenn sie aus dem Auto stiegen, alle Türen ab. »Wir rissen Witze darüber, wie übertrieben vorsichtig wir waren, aber warum sorglos sein«, sagt Sue.

Am Sonntag morgen regnete es. Die drei langweilten sich in Shelleys Apartment und aßen früh zu Mittag. Der Regen wollte einfach nicht aufhören, und so entschlossen sie sich schließlich, trotzdem auszugehen. Sie liefen durch den Regen zu Sues Auto. »Beeil dich, ich bin schon klatschnaß!« sagte Shelley, als Sue die Fahrertür aufschloß.

Shelley setzte sich nach vorne und ihre Mutter nach hinten. »Seht euch das an!« sagte sie, und die beiden Töchter drehten sich um. Auf dem Rücksitz lag ein rosafarbener Babyschuh.

»Wo kommt der denn her?« fragte Sue. »Der war doch gestern noch nicht da, oder, Mom?«

»Nein«, sagte ihre Mutter. »Ich bin ein- und ausgestiegen, aber mir ist er nicht aufgefallen.«

»Vielleicht hat er zwischen Sitz und Lehne gesteckt, oder eine von deinen Freundinnen hat ihn verloren«, sagte Shelley.

Sue schüttelte den Kopf. »Das bezweifle ich. Die Kinder meiner Freunde sind alle älter. Ich glaube nicht, daß jemals ein Baby in diesem Auto war.«

Die Frauen überlegten eine Weile.

»Jemand muß ihn neben dem Auto gefunden und reingelegt haben in der Annahme, es sei unserer«, sagte Shelley.

»Aber«, erwiderte Sue, »das Auto war verschlossen – du

weißt, ich habe die Türen jedesmal abgeschlossen. Und warum sollte jemand glauben, der Babyschuh gehöre uns? Niemand kennt uns hier.«

»Es ist schmutzig und naß draußen«, fügte Sues Mutter hinzu, »aber der Schuh ist sauber und trocken.«

Wieder schwiegen die Frauen und überlegten sich mögliche Erklärungen. Aber sie fanden keine Lösung. Der Schuh schien absichtlich dort hingelegt worden zu sein, so, als wolle jemand auf Nummer sicher gehen, daß er auch gesehen werde.

»Was, wenn ...?« Sue konnte nicht zu Ende sprechen. Aber die anderen wußten, was sie dachte. War der Schuh eine himmlische Botschaft, ein Zeichen, daß all die Gebete, die sich von den Prärien in Kansas erhoben, erhört werden sollten?

Sue wagte es nicht zu hoffen. Sie nahm den Schuh mit nach Hause, legte ihn in ihre Bibel und wartete. Wartete, bis sie sicher wußte, daß sie wirklich schwanger war, daß sie an jenem Muttertagsmorgen schwanger gewesen war und daß die Vorhersage der Frau aus South Dakota wahr würde. Sie würde sehr bald Mutter – einer Tochter – sein.

»Wenn Leute mich fragten, woher ich wußte, daß es ein Mädchen würde, zeigte ich ihnen einfach den Babyschuh«, sagt Sue. »Würde Gott aus irgendeinem anderen Grund die Farbe Rosa gewählt haben?« Heute, fünf Jahre später, hängt der Schuh über Paige Elisabeth Burtons Bett, in stiller Erinnerung daran, daß Gott Gebete erhört. Und in der Tat erhört Er sie im Überfluß, denn Paige hat jetzt ein Schwesterchen. »Ich habe nicht den geringsten Zweifel daran, daß ein Engel den Schuh als Zeichen für mich dort hingelegt hat«, sagt Sue.

Für Sue ist seitdem jeder Tag Muttertag.

DIE ANTWORT WEISS DER WIND

Ich möchte Gebete mit dem Wind verglei-chen. Man kann den Wind nicht wirklich sehen, aber man sieht, was er zu tun ver-mag.

ROSALIND RINKER,
»HOW TO HAVE FAMILY PRAYERS«

Es war ein grauer Januartag, als der Bus von Benton in Wisconsin abfuhr, aber Dick Wilson* nahm kaum Notiz davon. Dick kam gerade vom Begräbnis seiner Mutter. Obwohl sie an schwerer Diabetes gelitten hatte und es eine Erleichterung war, sie nicht mehr leiden sehen zu müssen, schnürte sich ihm das Herz zusammen.

Als er erfuhr, daß sie aus dem Leben geschieden war, hatte Dick sich vorgenommen, von Sedona in Arizona, wo er wohnte, mit dem Auto nach Wisconsin zu fahren. Doch das Wetter in dieser Gebirgsregion war unberechenbar, und ein Tiefdruckgebiet war vorausgesagt worden. Also hatte ihn seine Frau Nancy* zum Flughafen nach Phoenix gebracht.

Jetzt fuhr er zurück zu Nancy und den sechs Kindern. Es wäre bequemer gewesen zurückzufliegen, aber der Fahrschein für den Bus riß ein kleineres Loch in das Familienbudget.

Die Meilen flogen vorbei. Dick fror, und er war traurig, und die Reise schien endlos. Um Mitternacht erreichte der Bus endlich den Busbahnhof in Tucumcari, New Mexico. Noch einmal umsteigen. Er hatte noch Zeit für einen Snack. Also ging Dick in ein nahegelegenes Restaurant. Er wurde aus seinen trüben Gedanken aufgeschreckt, als der Busfahrer rief: »Der Bus nach Phoenix, Leute. Letzter Aufruf.«

Letzter Aufruf! Dick erhob sich, nahm sein Jackett und suchte in der Innentasche nach seinem Fahrschein. Aber die Tasche war leer. Hastig durchsuchte Dick seine restlichen Sachen. Ja, hier waren sein Portemonnaie, sein Kamm und Kleingeld ... Doch während er den Fußboden und sogar den Stuhl absuchte, auf dem er gesessen hatte, blieb ihm das Herz beinahe stehen. Der Fahrschein war verschwunden.

Was sollte er tun? Er hatte nicht genug Geld für eine neue Fahrkarte. Vielleicht hatte er sie im Bus verloren. Voller Panik lief Dick zum Busparkplatz. Menschen stiegen in den Bus nach Phoenix, er aber eilte zu dem Bus, mit dem er gekommen war. Ein Mann machte gerade im Bus sauber.

»Haben Sie einen Fahrschein gefunden?« fragte Dick ihn. »Nein.« Der Mann hielt inne und blickte auf einen kleinen Haufen von Abfall. »Hier ist nichts als Müll.«

»Oh Gott, bitte hilf mir ...« Dick stieg aus dem Bus. Ihm wurde schwindlig. Und nun? Er lief auf die Straße zu, fort vom Restaurant. Wäre er nur nicht so achtlos gewesen, hätte er nur nicht so in seinem Unglück geschwelgt! Wie konnte ihm nur so etwas Dummes passieren?

Es wehte ein heftiger Wind, und während Dick weiterlief, wirbelten heftige Böen allerlei auf. Ohne hinzuschauen, fing Dick ein Stück Papier und wollte es wütend zerknüllen. Er mußte Nancy anrufen. Sie mußte ihm telegrafisch Geld schicken, das ohnehin knapp war. Und in der Zwischenzeit würde der Bus ohne ihn abfahren. Wie lange würde er dann warten müssen?

Er drehte sich um, ging zurück zum Busbahnhof und zum Restaurant. Er drückte die Tür zum Restaurant auf und bemerkte, daß er ein Stück Papier in der Hand hielt. Seine Fahrkarte! Dick kam sicher zu Hause an und dieses Wunder, daß sein Gebet erhört wurde, hat er nie vergessen.

LEBENSWICHTIGE SCHILDER

Sprach nie mit Gott
Zu Besuch im Himmel nie –
Bin doch des Ortes so gewiß
Als hätt ich Garantie –

EMILY DICKINSON, DICHTUNGEN

Mit sieben Monaten erlitt Emily Weichman einen Schlaganfall. Sie war ein sehr zartes Kind, und ihre Mutter, Marlene, achtete stets auf erste Anzeichen von Krankheit oder Melancholie. Das tat auch die Gemeinde der Weichmans. »Emily hat viele Adoptivgroßeltern«, sagt Marlene, »und alle machen sich Sorgen um sie.«

Im September des Jahres 1991 wollten Marlene und ihr Mann mit Emily und Marlenes Eltern nach Seattle zu Verwandten fahren. Auf der Rückfahrt übernachteten sie auf einem Campingplatz im Yellowstone National Park.

Am nächsten Morgen war Emily sehr teilnahmslos. Schließlich fuhren sie weiter, und Emily schlief ein. Sie durchquerten gerade eine verlassene Gegend von Wyoming, als das Kind plötzlich aufwachte.

»Mammi«, sagte sie, »mir ist schlecht.« Marlene schaute zu ihrer Tochter hinüber. Emilys Augen waren glasig und rollten nach rechts. Einen Augenblick später übergab sie sich.

Sie waren vorhin durch eine Ölspur gefahren. Mußte sich Emily wegen der Dämpfe übergeben? Marlenes Vater stoppte das Wohnmobil, und sie liefen mit ihr die Straße auf und ab. Sie war bei Bewußtsein und offensichtlich aufmerksam, aber

Marlene, eine Lehrerin, hatte schon mit Epileptikern zu tun gehabt, und sie hatte ein ungutes Gefühl. Emilys Symptome waren verdächtig ähnlich. »Papa«, sagte sie, »wir müssen Emily sofort in ein Krankenhaus bringen.«

Die nächste Stadt, Rock Springs, war noch sechzig Meilen entfernt. Marlenes Vater trat aufs Gas, und alle fingen an zu beten. Zwanzig Meilen, dreißig ... Die Landschaft raste an ihnen vorüber, aber es ging nicht schnell genug. Emily schien das Bewußtsein zu verlieren. Sie beteten weiter. Als sie Rock Springs endlich erreichten, sahen sie, daß die Stadt größer war, als sie erwartet hatten. Hier gab es sicherlich ein Krankenhaus, aber wie sollten sie es finden? Kostbare Zeit ging verloren, während sie suchten. Emily war mittlerweile bewußtlos. »Gott«, flüsterte Marlene und hielt ihre Tochter fest im Arm, »wir brauchen einen Arzt.«

Auf dem Interstate Highway sahen sie ein blaues Schild mit einem weißen H* – ein Krankenhaus! Gott sei Dank! Kurz darauf entdeckten sie ein zweites. Mindestens vier Schilder bildeten einen zuverlässigen blauweißen Pfad, dem Marlenes Vater bis vor das Krankenhaus folgte.

Der Arzt in der Notaufnahme diagnostizierte Emilys Zustand als einen milden epileptischen Anfall. Er nahm eine Computertomographie vor und verabreichte ihr entkrampfende Medikamente.

Erst viel später wurde sich Marlene über den Ernst der Lage bewußt. »Wenn diese Krankenhausschilder nicht gewesen wären, führen wir immer noch herum«, sagte sie zu einem Arzt.

Der Arzt schaute sie neugierig an. »Welche Schilder?«

»Die an der Straße«, erwiderte Marlene. »Sie waren gewissermaßen ein Lebensretter – ohne sie hätten wir das Krankenhaus nie gefunden.«

---

* (Hospital) Anm. des Lektorats

Der Arzt war perplex. »Ich wohne nur acht Meilen von hier, und ich fahre jeden Tag diese Straße entlang«, erzählte er ihr. »Ich habe dort noch nie Krankenhausschilder gesehen.«

Marlene wußte nicht, was sie davon halten sollte. Alle vier Erwachsenen im Auto hatten die Schilder gesehen. Ihr Vater und ihr Mann waren gerade zur Tankstelle gefahren, an der sie auf dem Weg hierher vorbeigekommen waren, um das Wohnmobil durchchecken zu lassen. Sobald sie zurück waren, würde sie sie danach fragen.

Die Männer kamen spät zurück, denn sie hatten sich verfahren. »Wir hatten uns vollkommen auf die blauweißen Schilder verlassen«, sagte ihr Vater. »Aber sie waren fort.«

Verwirrt rief Marlene am nächsten Tag die Handelskammer von Rock Springs an. Doch auch der zuständige Beamte konnte keine Erklärung finden. »An dieser Straße hat es nie Krankenhausschilder gegeben«, sagte er.

Dank der Medikamente geht es Emily heute wieder gut, und für die Mitglieder der St. Paul Gemeinde ist sie das »Wunderkind«. Viele von ihnen betrachten es als Ehrensache, von Zeit zu Zeit dieselbe Straße entlangzufahren, denn es ist eine geweihte Straße, daran besteht kein Zweifel.

ERLÖSUNG VON DEN TIEFEN

Das ist ein Versuch herauszufinden, ob deine Mission auf der Erde beendet ist: Wenn du noch lebst, dann ist sie es nicht.

RICHARD BACH, AUTOR VON
»DIE MÖWE JONATHAN«

Im April des Jahres 1993 verließen Don Spann und John Thomson auf Dons 115 Meter langem Boot Perserverance den Hafen von Charleston in South Carolina, um eine zweitätige Routinefahrt nach Fort Lauderdale, Florida, anzutreten. Gegen Mittag des zweiten Tages zogen Wolken heran, und die See war unruhig. John T. übernahm das Steuer, während Don hinten saß. Ironischerweise lag Dons Schwimmweste neben ihm auf einem Stuhl, und das, obwohl er den Angestellten seiner Firma Span-America stets lange Predigten über Sicherheitsvorkehrungen hielt. Das Boot schaukelte und hüpfte auf und ab. Don stand auf, und genau in diesem Moment kam eine besonders hohe Welle. Er verlor das Gleichgewicht, überschlug sich und wurde über Bord gespült.

Die *Perserverance* glitt schon an Don vorbei, als er wieder auftauchte. Er fing an zu pfeifen, schwenkte seine Arme und rief: »John T.! Hierher! Dreh um!« Aber das Boot fuhr weiter, denn John T., der geradeaus sah, hatte nicht bemerkt, daß Don über Bord gegangen war. Don schaute hinterher und hörte das Brummen des Motors leiser werden. Dann war alles still. Es war das einsamste Geräusch, das er je gehört hatte. Sicher würde John T. bald sein Verschwinden bemerken und umkehren! Don suchte angestrengt den Horizont ab. Er erinnerte sich an sein Training im Marineinfanteriekorps und wartete. Nur zehn Minuten verstrichen und nichts geschah.

Was sollte er tun? Die Wassertemperatur war sehr niedrig. Bald würde er unterkühlt sein, wenn er sich nicht bewegte. Aber wie lange konnte er noch Wasser treten? Vielleicht würde er einen Krampf bekommen oder, schlimmer noch, von Speerfischen oder Haien angefallen werden? Was, wenn er ertrank oder von einem Fisch zerfleischt und später ans Ufer gespült wurde? Wie würde seine Familie damit fertig werden?

Er zog seine Schuhe aus, um sie als Schwimmhilfe zu benutzen, aber sie sogen sich nur voll, und er ließ sie los. Das Atmen fiel ihm nun schwerer, und es war auch nicht mehr so leicht, sich treiben zu lassen, weder auf dem Bauch noch auf dem Rücken. Zwanzig Minuten verstrichen. Fünfundzwanzig ... Es war lange her, seit Don zum letzten Mal an Gott gedacht hatte. Aber jetzt betete er laut. »Gott«, sagte er, während die Wellen über ihm zusammenschlugen, »Du ergreifst ziemlich drastische Maßnahmen, um meine Aufmerksamkeit zu erregen. Es tut mir leid, daß ich nicht klug war und auf Dich gehört habe. Aber wenn Du mich leben läßt, werde ich die Mission, die Du für mich im Sinn hast, erfüllen, was es auch sein möge.«

Nun glaubte Don eine Stimme zu hören. War das etwa Gott? Nein, diese Stimme war verführerisch, ja furchterregend. »Don«, flüsterte sie, »du kommst diesmal nicht davon. Warum entspannst du dich nicht und stirbst in Frieden?«

Don versuchte die Stimme zu ignorieren. Aber sie kam wieder, diesmal nachdrücklicher. »Gib auf, gib auf!«

»Nein!« erwiderte Don laut. »Ich werde kämpfen!« Aber wie? Er war schon viel zu lange im Wasser, ihm war kalt, und er wurde allmählich langsamer. Würde er bald untertauchen –

zum letzten Mal? »Laß los, Don«, forderte die heimtückische Stimme noch einmal. »Es ist so einfach …«

»Das werde ich nicht tun«, antwortete Don und biß die klappernden Zähne zusammen. Er wußte, er wurde in Versuchung geführt, im Angesicht des Todes ebenso wie im Leben. Doch beinahe unbewußt klammerte er sich an eine innere Sicherheit, die er schon von kleinauf besessen hatte. *Gott, stehe mir bei*, betete er. »Ich werde nicht aufgeben!« schrie er seinem namenlosen Widersacher entgegen. »Auch dann nicht, wenn ich schon drei Meter unter Wasser bin!«

Seine Stimme hallte über die Wellen, und irgendwie wußte er, daß die listige Stimme nun fort war. Er war wieder allein.

Inzwischen war fast eine Stunde vergangen, und Don verließen allmählich seine Kräfte. Manchmal glaubte er sich über Wasser, doch wenn er die Augen aufschlug, bemerkte er, daß er bereits unter der Wasseroberfläche war.

Deshalb war er sich auch zuerst nicht sicher, ob er wirklich Motorengeräusche gehört hatte. Dann, wie in einem Traum, sah er tatsächlich etwas auf sich zukommen. Zuerst war es nur ein paar Zentimeter lang … ein Boot, eine Gestalt am Steuer – es war John T., er suchte den Horizont mit einem Fernglas ab! »Ich hörte, wie er aufgeregt meinen Namen rief, und ich begriff, daß er mich gesehen hatte«, sagte Don. »Ich glaube, einen Moment lang verlor ich das Bewußtsein.«

Aber John T.s Stimme holte ihn zurück. »Fang das Tau!« befahl er. Erschöpft griff Don nach dem Tau und schlang es um seinen Arm. Er war jedoch viel zu erschöpft, um es festhalten zu können. »Ich erinnere mich noch, daß ich durchs Wasser gezogen wurde und mich verhedderte.« Er konnte es nicht schaffen! Doch dann spürte er kräftige Hände, die seinen rechten Arm umklammerten. Sie hielten ihn hoch. *John T.!* Warum war er im Wasser? Wer steuerte das Boot?

Und nun hielten ihn zwei andere Hände auf der linken Seite. Diese Hände schienen ihn zu tragen, ihn über diese letzte unüberwindbare Distanz zu ziehen. Wo hatte John T. nur Hilfe gefunden? Plötzlich war Don unter der Einstiegsleiter, und John T. rief ihm zu: »Halt dich fest! Halt dich fest!«

Aber Don schaffte es nicht. Seine erschöpften, kalten Muskeln versagten ihm den Dienst. Er würde trotz allem ertrinken ... Doch dann spürte er stützende Hände unter sich im Wasser, die seinen Fuß auf die unterste Stufe setzten. Die Hände halfen ihm hoch. »Auf einmal stand ich aufrecht auf der Leiter«, sagt er. »Und John T., der fünfzig Pfund weniger wiegt als ich, zog mich an Bord.«

Ein Hubschrauber der Küstenwache holte Don schließlich von der *Perserverance* und brachte ihn in das Jacksonville Universitätskrankenhaus. Dort blieb er für vier Tage und wurde gegen Hypothermie behandelt. Erst später erinnerte sich Don an die sonderbaren Umstände seiner Rettung.

»John T.«, fragte er eines Tages, »wer hat dir eigentlich damals geholfen?«

John runzelte die Stirn. »Wovon sprichst du?«

»Ich weiß, daß du mit noch jemandem im Wasser warst. Zwei Paar Hände haben mich hochgehoben«, erklärte Don. »Tatsache ist, ich konnte nicht auf die Leiter steigen, und ihr beide habt mir geholfen.« John T. verzog sein Gesicht. »Ich war nie im Wasser, Don«, sagte er. »Ich habe dich vom Boot aus an Deck gezogen, aber ich war allein.«

Heute ist Don wieder gesund, steht hinter dem Steuer seines Bootes und mitten im Leben. »Ich bin mir nicht sicher, warum ich in Versuchung geführt oder vom Tod verschont geblieben bin«, sagt er. »Aber ich habe das Gefühl, ich sollte aufpassen und warten, bis mir gezeigt wird, was ich zu tun habe.« Und während er wartet, ist er dankbar; er dankt John T. für sein Können und seinen Mut und den himmlischen Händen, weil sie sein Gebet erhört haben.

PERFEKTES TIMING

Wenn unsere Beziehung mit Gott vertraut und eng sein soll, dann müssen wir alles mit ihm teilen, gleichgültig, wie gewöhnlich es uns erscheinen mag.

MARY MATHEWSON,
EINE LESERIN DER ADA, OHIO.

Woher wissen wir, ob ein Gebet von Gott erhört wurde? Er reagiert nur selten mit Trompetenklängen oder mit an den Himmel geschriebenen Botschaften. Trotzdem gibt es unmittelbare Antworten, so unmißverständlich, daß nur Gott sie gegeben haben kann.

Debra Bredican lebte mit ihrer kleinen Tochter allein in einer Einzimmerwohnung in Chicago. Um ihr Gehalt aufzubessern, bereitete sie Biokostmenüs für Freunde zu. Ihr Kundenkreis wuchs allmählich, da zufriedene Kunden Debras schmackhafte Küche weiterempfahlen.

Debra träumte davon, ihr Geschäft zu vergrößern, aber sie brauchte ein zweites Zimmer als Büro und einen Hausmeister, der sie einen zweiten Kühlschrank aufstellen ließ. Beides jedoch schien unmöglich. Sie konnte nicht mehr als sechshundertfünfzig Dollar für Miete ausgeben – und das war zu bescheiden für die Gegend, die ihr vorschwebte – und ein zweiter Kühlschrank würde ihre gesamten Ersparnisse aufbrauchen. War es ein zu großes Risiko? Debra hielt Zwiesprache mit Gott. »Wenn du willst, daß ich das tue«, sagte sie zu ihm, »dann mußt du einen Ausweg finden.« Bald fand Debra ein Apartmenthaus in einer perfekten Gegend. Aber die Mieten für zwei Zimmer waren zu hoch. Sie suchte weiter – betete – und fragte hin und wieder in jenem Apartmenthaus nach.

»Sie haben Glück«, sagte die Maklerin eines Tages. »Wegen Renovierungen senken wir die Mieten sämtlicher Zweizimmerwohnungen für sechs Monate.«

»Und wie hoch soll die Miete dann sein?« wagte Debra kaum zu fragen.

»Sechshundertundfünfzig Dollar«, sagte die Maklerin.

Debra war sich nun fast sicher, daß das Gottes Antwort war. Aber da war noch etwas. »Ich möchte mein Geschäft erweitern«, erzählte sie der Frau. »Ich brauche eine Wohnung mit zwei Kühlschränken.«

»Zwei Kühlschränke?« Die Frau lachte. »Das ist so gut wie unmöglich. Aber ich werde sehen, was ich tun kann.«

Debra ging nach Hause und wagte es nicht zu hoffen. Am Tag darauf rief die Maklerin an. »Es ist sonderbar, Debra«, fing sie an. »Erinnern Sie sich, daß ich Ihnen sagte, wir seien dabei zu renovieren?«

Debra erinnerte sich.

»Nun, wir haben zweihundertundzwanzig neue Kühlschränke bestellt. Gestern wurden zweihundertundeinundzwanzig geliefert. Es ist billiger, wenn wir den einen in Ihre Wohnung stellen, anstatt ihn zurückzuschicken.«

Debra hatte jetzt keine Zweifel mehr. Heute boomt ihr Geschäft, dank der Gebete, die im richtigen Augenblick erhört wurden.

Mein Neffe Tom Anderson bekam ebenfalls ein himmlisches »Nur zu!« zu hören. Tom ist Tischler, und nachdem er jahrelang für andere gearbeitet hatte, beschloß er, sich selbständig zu machen. Feine Holzschnitzarbeiten waren seine ganze Leidenschaft.

Aber die Suche nach Kunden, die laufenden Kosten in der Waage zu halten und die selbständige Arbeit nahmen mehr

Zeit in Anspruch, als er sich vorgestellt hatte. Außerdem schlug er sich mit Steuerunterlagen herum, Buchhaltung und einer Menge neuer Verpflichtungen, auf die er keinen Wert legte und die ihm auch keinen Spaß machten. Er befand sich in einer Tretmühle.

Eines Morgens, er war auf dem Weg zu einem Termin, überdachte Tom seinen Plan noch einmal. Hatte er die richtige Entscheidung getroffen? Er hatte darum gebeten und war sich sicher, daß Gott es gutgeheißen hatte, aber jetzt kamen ihm Zweifel. »Gott, ich bin überfordert«, seufzte er. »Sollte ich mir lieber wieder eine sichere Neun-bis-fünf-Uhr-Stelle suchen, ohne all diese Sorgen? Sage mir bitte, was ich tun soll.«

Genau in diesem Moment raste Tom an einem geparkten Polizeiwagen vorbei und merkte, daß er mindestens fünfundzwanzig Meilen zu schnell fuhr. In seinem Rückspiegel sah er, wie das Auto ausschwenkte und die Blaulichter aufleuchteten. Großartig! Tom fuhr an die Seite und ließ sich mutlos in den Sitz zurückfallen. Er würde nicht nur noch später zu seiner Verabredung erscheinen, sondern er hatte jetzt auch seine Antwort erhalten. Konnte Gott ein deutlicheres Zeichen setzen? »Führerschein und Anmeldung, bitte.« Der Beamte näherte sich Toms Lkw, das Strafzettelbuch in der Hand.

»Ja, Sir.« Tom fing gar nicht erst an, sich zu verteidigen. Er war so enttäuscht, daß er den Beamten kaum anschaute – so verstrichen einige Sekunden. Der Polizist aber begutachtete das Werkzeug auf der Ladefläche. Toms Lkw hatte noch kein Verdeck.

»Was sind Sie von Beruf?« fragte er.

»Ich bin Tischler.« Tom wurde neugierig. Was hatte das mit dem Verkehrsdelikt zu tun?

Der Polizist gab Tom seinen Führerschein zurück – ohne Strafzettel. »Nächstes Mal fahren Sie langsamer«, sagte er. »Und schnallen Sie sich an.«

Tom konnte es kaum glauben. Aber der Beamte war fertig und lehnte sich an Toms Lkw. »Ich bin nebenberuflich Bauunternehmer«, sagte er. »Und ich habe sechzehn Küchen und fünfzehn Bäder, die alle Schränke brauchen. Hätten Sie Interesse?«

»Es war eine echte Antwort, genau das, worum ich gebeten hatte«, sagt Tom heute und führt ein lukratives Geschäft. »Gott sagte: ›Mach weiter – aber langsamer.‹ Ich weiß, daß Er mir die Richtung weisen wollte, die gut für mich ist.«

Für die achtzehnjährige Marci Vance war die Lage zu Hause unerträglich geworden. Die Beziehung zwischen ihr und ihrem Adoptivvater war schon immer problematisch gewesen. Aber jetzt verlangte er, daß sie ausziehe und sich einen Job suche. »Ich war jung und hatte Angst, und ich fand nichts«, erklärt Marci. Ihre Anspannung wuchs.

Endlich hatte Marci eine Stelle gefunden. Jedoch sollte sie dort jeden Tag eine graue Hose und eine weiße Bluse tragen. Sie hatte genug Geld für die Bluse, aber für eine Hose reichte es nicht. Es war sinnlos, ihren Vater um Hilfe zu bitten – er war schon wütend genug. »Wenn du dir nicht sofort eine Arbeit suchst, fliegst du hier raus!« sagte er eines Morgens.

Marci fühlte sich vollkommen alleingelassen. Was sollte aus ihr werden, wenn sie aus dem Haus geworfen wurde? Es nieselte. Sie lief ziellos durch die Straßen und weinte. Irgendwann setzte sie sich auf eine Mauer gegenüber der Schule. *Gott, was soll ich denn tun?* betete sie. *Bitte, hilf mir doch.* Irgendwann schaute Marci auf – und erblickte einen wunderschönen Regenbogen am Himmel. »Mich überkam eine sonderbare Ruhe«, sagte sie. »Ich wußte nun, ich brauchte mir um nichts mehr Sorgen zu machen.«

Solchermaßen ermutigt lief sie zum Haus ihrer Tante Pam. Kurz vor Marci war eine Freundin Pams vorbeigekommen und hatte ein paar Kleider für den Kirchenbasar gebracht.

»Marci, schau, ob dir irgend etwas gefällt, bevor ich es zusammenpacke«, forderte ihre Tante sie auf. Und siehe da, es kamen zwei elegante graue Hosen zum Vorschein. Sie paßten ihr wie angegossen.

»Ich bin enttäuscht, daß meine Schriftstellerkarriere nicht so läuft, wie ich es mir wünsche«, sagte Sue Markgraf. Sie ist in einem festen Angestelltenverhältnis tätig und am Wochenende arbeitet sie, soweit es ihre junge Familie zuläßt, freiberuflich. Eines kalten, grauen Sonnabends morgens starrte sie abwesend in den Fernseher, während die Kinder spielten. Im Computer warteten die Notizen für ihr nächstes Projekt. Sie sollte sich wirklich an die Arbeit machen.

Aber eine Mischung aus Müdigkeit und Mutlosigkeit hielt sie davon ab. Hatte es denn einen Sinn? Würde sie mit ihrer Arbeit etwas bewirken?

Plötzlich schien ein Lichtstrahl durch das Fenster. Es war hell, beinahe weiß, als leuchtete die Luft von innen. Aber wie konnte das sein? Vor den anderen Fenstern war es immer noch grau und düster. Woher kam diese Lichtquelle? »Ich wollte meine Augen zuhalten und wegschauen, aber ich konnte nicht«, sagt sie. »Ich rutschte ans andere Ende des Sofas, aber das Licht schien mir zu folgen.« Das war kein gewöhnlicher Sonnenstrahl.

Dann sah Sue in der Mitte des Strahls eine schattenhafte Gestalt. Die Aura der Freundlichkeit, die von ihr ausging, gefiel Sue. Sie konnte einfach nicht wegschauen. Obwohl sie nichts hörte, *spürte* sie, daß die Gestalt zu ihr sprach. »Setz dich an deine Geschichte«, sagte sie, »und Gelassenheit wird über dich kommen.« Ehrfürchtig sog Sue das Licht ein. Sie hatte das Gefühl, seiner nicht Wert zu sein und war doch gleichzeitig erregt. »Ich zwang mich, weiter hinzuschauen, weiter von ihm durchdrungen zu werden«, sagt sie, bis die Gestalt und das Licht verblaßten.

Sue versucht bis heute, hinter den Sinn dieser glückseligen Vision zu kommen. Doch in ihre Arbeit setzt sie seitdem mehr Vertrauen. »Ich weiß, daß es eine höhere Macht gibt, die unglaubliches Vertrauen in mich hat«, sagt sie. »Sie treibt mich ständig an und tröstet mich. Ich bete, daß sie für immer an meiner Seite bleiben wird.

Kathy und Bill Colby verspäteten sich zum Abendessen bei ihrer Schwester. Geistesabwesend und in aller Eile legte Kathy das Schlüsselbund aufs Autodach und schnallte dann ihr zehn Monate altes Baby im Kindersitz an.

»Fahren wir!« sagte Bill, der aus dem Haus kam, und sprang ins Auto. Kathy stieg ein, und sie fuhren los. Schnell näherten sie sich der Stadtautobahn und rasten die Auffahrt hinunter. In diesem Moment hörten sie etwas vom Dach rutschen und klirrend auf die Straße fallen. »Was war das?« fragte Bill.

»Oh je, die Schlüssel.« Kathy war außer sich. Sie hatte zwei Teilzeitjobs, und all die Haus- und Autoschlüssel waren an diesem Schlüsselbund. Sie erklärte Bill, was passiert war, während er mit fünfundsechzig Meilen Geschwindigkeit weiterfuhr.

»Ich nehme die nächste Ausfahrt, fahre zurück und noch einmal dieselbe Auffahrt hinunter«, beschloß er. »Es ist noch hell – wir können dort anhalten und den Schlüssel suchen.«

Als sie die Autobahnauffahrt erreichten, fuhr Bill auf den Seitenstreifen, stieg aus und fing an zu suchen. Auch Kathy stieg aus und suchte. *Was für ein Abend!* dachte sie. Sie waren spät dran, sie würde all diese Schlüssel ersetzen müssen, und jetzt fing das Baby auch noch an zu schreien …

Zögernd blickte Kathy zum Himmel. »Wenn mich irgend jemand hören kann …«, murmelte sie, »nun ja, ich brauche Hilfe.« Doch dann, als sie sich zurück zum Wagen wandte, um nach ihrem Baby zu schauen, erstarrte sie. Auf dem Dach des Autos lagen ihre Schlüssel. Im selben Augenblick drehte sich auch Bill um und sah die Schlüssel dort liegen.

Wie war das möglich? Das Autodach war abschüssig und hatte keinen Rand. Sie hatten beide die Schlüssel fallen hören, und nichts hatte auf dem Dach gelegen, als sie ausgestiegen waren. Trotzdem lagen die Schlüssel wieder ebendort, so als hätte sie ein liebendes Elternteil, das einem keine Bitte abschlagen kann, wieder dort hingelegt.

In Spencer, Iowa, verließ Doris Neill Johnson gerade ein Spezialbekleidungsgeschäft für Frauen. Draußen herrschte klirrende Kälte, und ein Schneesturm war aufgekommen. Obwohl es noch hell war, war es beinahe unmöglich, die Hand vor Augen zu sehen. Doris fuhr die vertraute Abkürzung durch eine dünn besiedelte Gegend, aber die Straße war kaum zu erkennen, und sie hatte das Gefühl, sich völlig verirrt zu haben.

Sie beschloß, das Auto stehenzulassen und zu laufen. *Es kann nicht weiter als eine Meile sein*, sagte sie sich. *Es ist sicherer, wenn ich zu Fuß gehe.*

Aber bereits nach ein paar Minuten wurde Doris klar, daß sie einen Fehler gemacht hatte. Es wurde dunkel, und der wirbelnde Schnee blendete sie. Sie war wie benommen und vollkommen desorientiert. Ihr hellgrauer Mantel verschmolz mit der Landschaft, und der Schnee war tiefer, als sie erwartet hatte. Was, wenn sie hinfiel und sich verletzte? In dieser einsamen Gegend würde sie erfrieren, bevor irgend jemand sie fand. »Gott, steh mir bei«, betete Doris laut.

Verzweifelt machte sie noch ein paar Schritte, doch es war hoffnungslos – sie hatte keine Kraft mehr und bekämpfte die aufsteigende Panik. Dann, »als riefe Gott selbst mir zu«, hörte ich eine Männerstimme. »Hier entlang! Kommen Sie!«

Wer rief da? Wo war er?

»Hierher! Kommen Sie!« Die Stimme klang, als wüßte sie Bescheid.

Doris betete um Kraft und folgte ihr.

»Nur ein kleines bißchen nach rechts ... ja, so ist es richtig«, sagte die vom Wind verzerrte Stimme wieder. Wenigstens war Doris nicht länger allein in dieser schauerlichen Nacht. »Weiter.« Die Stimme kam näher.

Doris kämpfte, setzte einen schmerzhaften Schritt vor den anderen, und schließlich konnte sie ein hell erleuchtetes Fenster sehen und die Gestalt eines Mannes vor einer offenen Tür.

»Sie haben es geschafft!« rief er, als sie auf der Türschwelle zusammenbrach.

Die Eheleute hatten die Vorhänge schon zugezogen, damit es nicht so zog, erzählten sie Doris später. »Wir hätten sie auch nicht wieder aufgezogen, aber, nun ja ... es war sonderbar«, versuchte der Mann zu erklären. »Wir hatten so ein merkwürdiges Verlangen, noch einmal hinauszuschauen in den Sturm.« Er hatte die Vorhänge zurückgezogen, etwas zu sehen geglaubt – und gerufen, nur für alle Fälle.

Doris jedoch fand es gar nicht sonderbar. Sie hatte schließlich gebetet.

EINE HIMMLISCHE MISSION

Immer habe ich Gott gebeten, mir zu helfen. Eines Tages jedoch habe ich gefragt, ob ich ihm helfen könnte.

JAMES HUDON TAYLOR, MISSIONAR

Haben Sie sich je beflügelt gefühlt? Hatten Sie je das Gefühl, sie würden geführt, ja sogar getrieben? Manchmal ist es Gott, der ein Gebet erhört hat und *Sie* dazu benutzt, es in die Tat umzusetzen, falls Sie dazu bereit sein sollten.

Es geschah im November 1990. Daniel Sheridan legte in dem Haus, das er gerade gekauft hatte, Teppiche aus. Morgen würde er die Arbeit beenden können, und da die New Yorker Feuerwehrmänner ihre Schichten tauschen durften, hatte Danny ein paar Anrufe gemacht und seinen Kollegen John dazu überredet, morgen für ihn einzuspringen. Doch spät am Abend rief noch ein Kollege an und fragte Danny, ob John nicht für *ihn* einspringen könnte. Danny protestierte, aber stimmte schließlich mißmutig zu.

Als er sich am nächsten Morgen zur Arbeit meldete, hatte er immer noch schlechte Laune. »Wir fingen an wie immer. Werkzeuge überprüfen, Böden wischen – es war ziemlich langweilig«, sagte Danny. Gegen Mittag gab es dann Alarm; ein Feuer in einem alten Holzwohnhaus drei Straßen weiter. Danny kannte die Adresse und nahm an, daß es sich um einen falschen Alarm handelte, wie so häufig. Wenn solch ein Verdacht besteht, legen Feuerwehrmänner eigentlich nicht ihre schweren Mäntel und Helme an. Aber als sich Danny anzog, hörte er eine innere Stimme, die ihm befahl: »Rein in die Klamotten.« Aus irgendeinem Grund gehorchte Danny und legte seinen Schutzanzug an.

Dannys Fahrzeug sollte lediglich in Bereitschaft stehen, und die Männer ließen sich Zeit. Doch schon auf dem Weg fühlte sich Danny wieder »komisch«, sonderbar konzentriert. Die Sirenen jaulten, und sein Herz klopfte, als würde er zu einer wichtigen Verabredung geschickt. War das Gott? Er hatte immer auf ihn aufgepaßt, und Danny betete oft. Aber diese innere Anspannung war ungewöhnlich. Als sie endlich hielten, war er schon abgesprungen.

Das Haus brannte tatsächlich. Die Flammen schossen bereits aus den Fenstern des dritten Stocks. Die erste Kompanie war schon zur Stelle, hatte aber Schwierigkeiten, den Hydranten zu öffnen. Also raste Danny die Treppe hoch, auf der es von Feuerwehrmännern und fliehenden Mietern nur so wimmelte. »Ich dachte, die anderen würden gleich nachkommen«, sagte er. Aber in dem anfänglichen Durcheinander waren seine Kollegen versehentlich in das Haus nebenan gestürmt. Obwohl Feuerwehrmänner immer zu zweit arbeiten, war Danny nun im vierten Stock allein.

Er gehörte zu der Gruppe, die in ein brennendes Gebäude eindringt und anfängt in dem Stockwerk über dem Brandherd, nach Opfern zu suchen. Das ist eine sehr gefährliche Aufgabe, denn Rauch, Hitze und Flammen steigen nach oben. Doch als Danny die Wohnung erreichte und die Stahltür aufmachte, entdeckte er etwas Ungewöhnliches. »Ich war überrascht, wie wenig es qualmte«, sagte er, »wenn man bedenkt, daß die Wohnung eine Etage tiefer in Flammen stand.« Mit seinem Werkzeug bewaffnet, kletterte er in das Wohnzimmer und drückte sich an der Wand entlang. Hier war niemand.

Dann bahnte er sich einen Weg zu den hinteren Schlafzimmern.

Plötzlich wurde die Feuertür im dritten Stock geöffnet, und daraufhin drangen Hitze und Qualm durch das Treppenhaus und in die Wohnung. Danny bewegte sich langsam durch den Flur ins erste Schlafzimmer, aber auch dort schien niemand zu sein. Inzwischen war es in der Wohnung so heiß wie in einem Backofen. Schweißtropfen rannen über Dannys Gesicht, Hals und in seine Augen. Die Hitze warnte ihn, daß die Flammen näher kamen und bereits an den Innenwänden hochwallten. Wo waren nur seine Kollegen? Danny wußte, daß es an der Zeit war zu verschwinden, bevor der Boden einstürzte. Sonderbar … er hatte immer noch das Gefühl, aufmerksamer als sonst zu sein, als halte er den Atem an, als warte er darauf, daß etwas passierte. Versuchte Gott, Kontakt mit ihm aufzunehmen?

Und dann, gerade als er sich auf den Rückweg machen wollte, hörte er es. Ein leiser Ton drang aus dem zweiten Schlafzimmer. Ein Husten. Das Husten eines Babys!

Nein! Konnte ein so kleines Wesen in diesen Temperaturen überlebt haben? Danny folgte dem Geräusch, tastete sich in das Schlafzimmer vor, und sah in einer Ecke die Umrisse eines Kinderbettchens. Darin lag ein Neugeborenes.

Die Bewohner des Gebäudes jubelten ihm zu, als Danny mit dem zehn Tage alten Baby, das er in seinen Mantel gehüllt hatte, schließlich aus der Eingangstür schwankte. »Wir haben um Sie gebetet – und um ihn«, sagte eine Frau, bevor sie den kleinen Joel ins Krankenhaus brachte.

Das Baby lag danach zwar wochenlang auf der Intensivstation, erholte sich aber vollkommen. Ein Nachbar, der auf das Kind aufgepaßt hatte, war voller Angst geflohen, als das Feuer ausbrach. »Ich versuchte Joels Familie im Krankenhaus klarzumachen, daß Gott große Pläne für den Jungen haben muß, denn wenn die Dinge nicht genauso gelaufen wären, wäre Joel heute nicht hier«, sagt Danny. »Doch ich weiß nicht, ob sie es verstanden haben.«

Danny hat es verstanden – verstanden, warum er an jenem Tag arbeiten mußte, warum er für einen vermeintlich falschen Alarm die ganze Ausrüstung anlegte, warum er sich gezwungen fühlte, in den vierten Stock zu steigen, und merkwürdigerweise zögerte, die brennende Wohnung wieder zu verlassen.

In Dannys Leben, wie in jedem anderen, gibt es manchmal dunkle Momente. Aber dann denkt er an den Tag, an dem Gott ihn auf eine himmlische Mission schickte – und die Schatten verschwinden.

EIN ZEICHEN UNSERER ZEIT

Weil Gottes Zeit die beste ist, warte ich,
geduldig hoffend …

JOHN GRENNLEAF WHITTIER

An einem Morgen des Jahres 1975 saß Dorothy Nicholas in Greenwood, South Carolina, an ihrem Küchentisch und schrieb. Sie versuchte einen passenden Slogan zu dichten. Obwohl Dorothy eine Schriftstellerin ist, die schon Preise gewonnen und früher als Texterin gearbeitet hat, fällt es ihr manchmal schwer, die richtigen Worte zu finden. Und sie wußte, diese mußten perfekt sein.

Gesucht wurde ein Slogan für das Schild einer Selbstbedienungstankstelle, die Dorothy zusammen mit ihrem behinderten Ehemann Fred managte. Sie hatten vor einer Woche mit der Arbeit begonnen und ihren Wohnwagen von Orlando nach Greenwood gebracht. Die Arbeit schien einfach zu sein: nur an einem Schalter sitzen und Geld kassieren.

»Es war beinahe ein Jux«, gibt Dorothy zu. »Fred und ich hatten in all den Jahren viele Orte »Zuhause« genannt, weil wir beide gerne reisten. Und da unsere Kinder erwachsen waren, konnten wir es uns erlauben.« Manchmal ließen sie sich eine Weile nieder und nahmen eine Arbeit an. Auch diesmal war es so.

Es gab schon ein beleuchtetes Schild auf dem Gebäude, aber Dorothys neuer Chef hatte gesagt, sie könne den Spruch ersetzen, wodurch sie wolle. »Mir war zu Ohren gekommen, daß diese Kette von Tankstellen oft überfallen wurden«, sagt Dorothy, »und ich dachte an einen Slogan, in dem es um Sicherheit ging.« Gleichzeitig hatte sie das Gefühl, daß Gott sie anspornte, sie ermunterte, ihr Vertrauen in Ihn anderen Menschen mitzuteilen. Sie probierte mehrere Ideen aus, und dann kam die Erleuchtung.

»Was hältst du davon?« fragte sie Fred.

Er las, was sie geschrieben hatte: *Gott ist unser Sicherheitsdienst – rund um die Uhr.* »Das drückt es ziemlich gut aus«, sagte er. Am nächsten Tag brachte er das Schild an.

Das Schild wirkte beeindruckend, aber es schien nur wenig oder gar keinen Eindruck auf irgend jemanden zu machen. Nur wenige Kunden äußerten sich dazu.

Bereits nach einigen Monaten überfiel sie wieder der Wandertrieb. Dorothy und Fred kündigten und fuhren in ihrem Wohnwagen weiter durch das Land. Die Zeit verging. »Manchmal benutzten wir wieder dieselbe Strecke von Florida nach South Carolina, und ich war immer ein bißchen stolz, wenn wir an dem Schild vorbeifuhren«, sagt Dorothy. Nachfolgenden Pächtern hatte es gefallen, und sie hatten es behalten. Aber Dorothy fragte sich, als sie sich an die merkwürdige Dringlichkeit erinnerte, die richtigen Worte zu finden, ob das Schild für Gott überhaupt von Bedeutung war.

Im Jahre 1988 hielten sich Dorothy und Fred in Gainsville in Florida auf. Beim Gottesdienst lernten sie Janet* und Larry* kennen, ein junges Paar, das in der Nähe wohnte. Die vier verstanden sich prächtig, und als Dorothy und Fred sich eine Zeitlang nicht wohl fühlten, erwiesen sich ihre neuen Freunde als wahrer Segen. Sie machten Erledigungen, kochten ab und zu und waren für sie da. »Ich weiß nicht, was wir ohne euch angefangen hätten«, sagte Dorothy eines Tages zu Larry. Sie hatte diesen netten, anständigen jungen Mann in ihr Herz geschlossen.

Eines Abends lud Dorothy Janet und Larry zum Abendessen ein. Die beiden Paare saßen um den Tisch und unterhielten sich. Fred und Dorothy waren überrascht, als sie hörten, daß Larry in Greenwood aufgewachsen war.

»Na sowas, dort haben wir mal gearbeitet –«, fing Dorothy an. Waren sie Larry schon mal begegnet? Sie fragten ihn aus, und als Larry einmal angefangen hatte, von sich zu erzählen, konnte er nicht mehr aufhören.

»Ich habe eine ziemlich turbulente Vergangenheit«, fuhr er fort und ließ alles Angestaute heraus. Mit sechzehn hatte er sich mit den falschen Leuten eingelassen und hatte ein Jahr in der Besserungsanstalt verbracht. Nach seiner Entlassung wollte er von vorne anfangen, aber wegen seines Strafregisters konnte er keinen Arbeit finden.

»Eines Nachts, es muß 1975 gewesen sein«, fuhr Larry fort, »beschloß ich, eine Tankstelle auszurauben. Ich brauchte Geld, denn ich wollte von zu Hause abhauen.« Ganz in der Nähe gab es eine Selbstbedienungstankstelle. Also stahl er die Pistole seines Vaters und seinen Wagen, und kurz vor Feierabend fuhr er los, um die Frau hinter dem Schalter zu überfallen.

Bevor er jedoch seine Waffe zog, schaute er zum Dach des Gebäudes hinauf. Dort hatte es schon immer ein Schild gegeben, aber irgend jemand hatte vor kurzem den Slogan geändert. »Als ich die Worte las«, sagte Larry, »wußte ich, daß ich weder die Tankstelle überfallen – noch irgend etwas anderes Gesetzwidriges tun konnte.« Er fuhr nach Hause und betete die Nacht hindurch darum, daß Gott ihm helfe, sein Leben in Ordnung zu bringen.

Dorothy und Fred sahen einander an. »Was stand denn auf dem Schild, Larry?« fragte Dorothy sanft.

»Ich habe es nie vergessen«, versicherte der junge Mann. »Auf dem Schild stand, ›Gott ist unser Sicherheitsdienst – rund um die Uhr.‹ Und das ist Er wirklich, Dorothy. Er hat mich in jener Nacht vor einer Gefahr bewahrt, und das hat Er seitdem immer wieder getan.«

Dorothy wurde leicht ums Herz. Es hatte dreizehn Jahre gedauert, aber jetzt erkannte sie die Ursache dieses merkwürdigen Verlangens, die richtigen Worte zu finden: Gott hatte ihren Glauben benutzt, um ein verlorenes Kind sicher zurück an seine Seite zu holen.

EIN LICHT AUF IHREM WEG

Die Welt ist erfüllt von der Herrlichkeit Gottes, sie wird funkeln wie goldenes Blattwerk.

GERALD MANLEY HOPKINS,
»GOTTES HERRLICHKEIT«

Margaret Baucom aus Shreveport in Louisiana ist von Beruf private Krankenpflegerin. Sie hatte schon mehrere Nächte hintereinander einen alten Mann betreut, und normalerweise war ihre Schicht um sieben Uhr beendet. Eines schönen Morgens jedoch war die Frau des Mannes früh aufgestanden und hatte Margaret vorgeschlagen, nach Hause zu fahren und den nötigen Schlaf nachzuholen. Margaret fuhr los. Draußen war es nebelig, und sie war so müde, daß sie vergaß, die Türen von innen zu verriegeln. Sie gähnte und beschloß, nicht auf die Autobahn zu fahren, sondern eine verkehrsberuhigte Strecke zu nehmen. »Man mußte durch eine üble Gegend, aber ich nahm an, um vier Uhr morgens sei keiner mehr unterwegs«, sagt sie.

Margaret hatte sich jedoch getäuscht. Müde fuhr sie durch eine heruntergekommene, dunkle Straße und hielt dann an einer Ampel, hinter dem einzigen Auto weit und breit. Beinahe umgehend öffneten sich alle Türen des Wagens vor ihr, und drei Männer stiegen aus. Langsam kamen sie auf Margaret zu, sie wirkten bedrohlich und furchteinflößend.

Ihr Herz fing an zu klopfen. Die Türen waren unverschlossen! Und sie konnte sich einfach nicht erinnern, wo sich der Schalter für die Zentralverriegelung befand.

Alles schien in Zeitlupe vor sich zu gehen, »als hätte sich ein Film oder einen Schallplatte plötzlich verlangsamt«, sagt Margaret. Panisch überlegte sie, den Rückwärtsgang einzulegen oder die Männer einfach umzufahren. Aber sie war vor Angst wie gelähmt. »Gott, hilf mir ...« Etwas anderes fiel Margaret nicht ein.

Gleich darauf sah sie hinter sich zwei gigantische Scheinwerfer, als wäre ein riesiger Achtzehntonner nur ein paar Zentimeter hinter ihrer Stoßstange zum Stehen gekommen. Die Scheinwerfer strahlten durch das Auto und tauchten die ganze Straße in weißes Licht. Margaret blickte zu den Schaufenstern, zu dem Parkplatz ein paar Meter vor ihr ... alles war hell erleuchtet. »Es war heller als die Bilder vom Golfkrieg im Fernsehen«, sagt sie.

Aber wie war das möglich? Sie hatte keinen Lkw heranfahren hören, kein Motorengeräusch, kein Schalten von Gängen. Und trotz des grellen Lichts war die Nacht vollkommen still. In diesem Moment stieg auch noch der Fahrer des Wagens vor ihr aus und kam ebenfalls auf sie zu. *Oh Gott, bitte!* betete sie. Sie würde sterben. Sie wußte es. Dann, es war unglaublich, sah Margaret, wie der bedrohliche Ausdruck auf den Gesichtern der jungen Männer sich in furchtbare Angst, ja namenloses Entsetzen verwandelte. »Schließlich hob einer seine Hände hoch, beinahe wie eine Geste der Entschuldigung«, sagt Margaret, »und stieg wieder ins Auto.« Die anderen folgten ihm und dann rasten sie mit quietschenden Reifen um die nächste Ecke.

Margaret sank in ihren Sitz zurück, und ihr kamen vor Erleichterung beinahe die Tränen. Es war alles so schnell gegangen! War alles nur ein Traum gewesen? Aber nein, die Scheinwerfer waren ja noch da. Langsam gab sie Gas und fuhr über die Kreuzung.

Die beiden Lichter folgten ihr und verliehen der Nacht einen beinahe … himmlischen Glanz. Margaret beruhigte sich langsam und fühlte sich nun beschützt, ja gesegnet. Und doch war kein Ton zu hören.

Als sie den Wald erreichte, sah sie, wie die Lichter links abbogen und verschwanden. Nur noch ein paar Häuserblocks, und sie war zu Hause. »Ich zitterte am ganzen Leib, es war ein fast heiliges Beben, und mein Mann spürte sofort, daß etwas geschehen war.«

»Wo, hast du gesagt, ist der Lkw abgebogen?« fragte Bob.

»Gleich beim Wald«, antwortete Margaret, doch Bob schüttelte den Kopf. »Da ist nirgendwo eine Straße.«

Margaret fragt sich nach wie vor, was die jungen Männer vor ihr in jener Nacht gesehen haben. Aber nie wird sie die stillen, unbeweglichen Scheinwerfer vergessen, die »wie ein Licht ihren Weg« erhellten.

WUNDERMEDIZIN

Wunder gewähren uns einen kurzen Einblick in ein Geheimnis von solcher Tiefe und Schönheit, das uns, könnten wir es in seiner ganzen Pracht sehen … vernichten würde.

FREDERICK BUECHNER,
»SPIRITUAL QUESTS«

Der 20. Januar 1992 in Larson, Wisconsin, war zwar sonnig, aber bitterkalt. Ein guter Tag, um im Haus zu bleiben, dachte Mary Mueller und hoffte, daß ihr Funkgerät stumm bleiben würde. Mary arbeitete nicht nur bei der Spätschicht in der Fabrik und betrieb eine 131 Hektar große Farm, sie war auch Mitglied der freiwilligen Feuerwehr der Gemeinde von Clayton-Winchester, und sie genoß ihre Freizeit.

Während sie duschte, hörte sie jedoch über Funk die Einzelheiten über einen Autounfall, der sich nur zwei Meilen von ihrem Haus entfernt ereignet hatte. Der Funker forderte nicht nur die Feuerwehr an, sondern auch Rettungssanitäter. Es klang ernst.

Zwar steigt Marys Adrenalinpegel bei einem Notruf immer an, aber diesmal fühlte sie sich, im wahrsten Sinne des Wortes, getrieben. Sie trocknete sich flüchtig ab, zog den Helm über ihr nasses Haar, eilte nach draußen in den eisigen Morgen und sprang in ihren Kleintransporter.

Ein Notruf zum äußeren Ende der ländlichen Distriktgrenze; Mary wußte, daß höchstens Farmer darauf reagieren würden – und das konnte lange dauern.

Außer dem Freiwilligen, der den Notruf durchgegeben hatte, war noch kein Sanitäter an Ort und Stelle. Es sah aus wie nach einer Explosion. Von Feuer keine Spur (die Meldung war nicht korrekt gewesen), aber dafür gab es einen Haufen verbogenes Metall. Einzelteile des Wracks lagen auf dem Feld und am Straßenrand. Mary war es, als hätte der Ort auf geheimnisvolle Weise jede Farbe verloren und sei nur noch unheilvoll in Schwarz, Weiß und Grau getaucht.

Von einem zweiten Fahrzeug fehlte jede Spur. Mary erfuhr später, daß ein Sattelschlepper einen Anhänger auf Flachbettfelgen gezogen hatte, auf dem Schienen geladen waren. Ein in die entgegengesetzte Richtung fahrender Pkw mit drei Studenten von der Universität von Wisconsin war in die hervorragenden Laufflächen gerast, die das Dach des Autos buchstäblich abgeschnitten hatten wie ein riesiger Dosenöffner. Der Lkw-Fahrer hatte von dem Unfall erst nichts bemerkt und war ahnungslos weitergefahren.

Aber nun untersuchte Mary hastig den Unfallort. Ein junger Mann, er war offenbar tot, lag links unter der vorderen Stoßstange des Kombis. Währenddessen beruhigte der andere Freiwillige eine junge Frau, die im Wrack festklemmte. Mary ging um das Autowrack herum zur Beifahrerseite und hielt die Luft an. Lag dort im Graben etwa noch jemand? Sie rannte los und rutschte auf den Knien die Böschung hinunter.

Ein blondes Mädchen, etwa einundzwanzig Jahre alt, sah Mary aus ängstlichen Augen an. Mary fühlte sich sofort mit ihr verbunden. »Ich heiße Mary«, sagte sie. »Ich bin bei der Feuerwehr, und wir werden dir helfen, aber wir brauchen dazu auch deine Hilfe, okay?«

Das Mädchen nickte zitternd. »Ich heiße Lori.«

Bevor die Rettungssanitäter einen Patienten bewegen dürfen, müssen sie ihn erst untersuchen. Sanft untersuchte Mary Loris linke Seite und konnte nur eine geprellte Wade feststellen. »Als ich mir jedoch ihre rechte Schulter vornahm, hielt ich sie buchstäblich in meinen Händen«, sagte Mary. »Ich tat, was ich konnte, und untersuchte sie dann weiter.«

Aber als sie Loris Haar zur Seite strich, um zu sehen, woher das Blut kam, blieb Mary die Luft weg. Sie sah einen mindestens fünfzehn Zentimeter langen und sieben Zentimeter breiten Schnitt, und eine Blutlache bildete sich unter dem Mädchen. Loris dicke Kleidung und ihr verfilztes Haar hatten die schreckliche Tatsache verborgen, daß sie vor Marys Augen verblutete.

Wie konnte Mary die Blutung stillen? Zwar konnte sie Erste Hilfe leisten und eine Wiederbelebung versuchen, »aber Feuerwehrleute sollen in erster Linie Feuer löschen«, bemerkt sie. »Wir tragen nun mal kein medizinisches Gerät bei uns – das ist im Krankenwagen.« Und der kam von weit her und würde sicher nicht vor fünfzehn oder zwanzig Minuten hier sein. Mary brauchte einen Druckverband, und zwar schleunigst. Wie wäre es mit ihren Feuerwehrhandschuhen? Nein. Sie waren groß genug, aber schmutzig, und sie gegen eine solche Wunde zu pressen konnte eine Infektion herbeiführen. »Gott«, betete Mary, »bitte hilf mir. Ich kann es auf keinen Fall alleine schaffen.«

Was konnte sie nur benutzen. Sorgenvoll schaute Mary nach links. Nichts als unberührter Schnee lag auf den Feldern. Sie blickte nach rechts zu einer Gruppe von Schaulustigen entlang der Straße. Vielleicht hatte einer von denen etwas, womit die Blutung gestillt werden konnte. Einen Moment lang sah sie Lori an – und ihr Herz blieb beinahe stehen. Im Schnee, links von Mary, etwa eine halbe Armlänge entfernt, »genau da, wo du dein Material liegen haben willst«, stand eine dunkelrote Tasche mit schweren Henkeln und einem schwarzen Kreuz. Wer hatte sie in dieser tausendstel Sekunde, in der Mary weggeschaut hatte, dort hingestellt? Niemand war in ihrer Nähe, im Schnee waren keine Fußstapfen zu sehen. Und die Tasche sah auch gar nicht aus wie die orangefarbenen, die die örtlichen Notärzte benutzten.

Mary hatte keine Zeit, sich darüber den Kopf zu zerbrechen. Sie öffnete die Tasche und fand eine wahrhaftige Apotheke. Gummihandschuhe, Heftpflaster, Verbandmaterial und Mullbinden in jeder Form und Größe, alles steril verpackt – alles, was sie brauchte, und in der Reihenfolge, in der sie es brauchte. Hastig machte sich Mary an die Arbeit. Sie legte einen Druckverband an und nahm neue Mullbinden, wenn sich die alten mit Blut vollgesogen hatten. »Kommen Sie mit mir ins Krankenhaus, Mary, bitte«, murmelte Lori.

»Das werde ich, meine Kleine. Sei tapfer.«

In der Regel begleiteten Feuerwehrleute Patienten nicht ins Krankenhaus, aber Mary konnte sich nicht vorstellen, dieses Mädchen allein zu lassen. Irgend etwas schien sie unter einer schützenden Glasglocke zusammenzuhalten, beschirmt vor dem Schrecken und irgendwie in Sicherheit. Mary wußte, daß der Rettungshubschrauber angekommen war – sie konnte den Motor hören. Aber sie und Lori spürten nichts von dem Wind des Propellers. Auch froren sie nicht, trotz der eisigen Temperatur weit unter null Grad. Während das andere Mädchen in den Hubschrauber gehoben wurde, eilten Sanitäter herbei, um Lori zu untersuchen. »Bleib bei mir, Mary«, flehte Lori. Ihre Stimme wurde jetzt schwächer. Mary nickte. Ihre Finger schmerzten von dem Kraftaufwand, und ihr Haar war unter dem Helm gefroren. Aber immer noch spürte sie diese sonderbare – und liebevolle – Verbindung. Sie müßten sie schon von Lori wegreißen.

Aber Lori hatte zuviel Blut verloren, um den Hubschraubertransport zu überleben. »Es gibt nur eine Lösung, Mary«, entschied ein Sanitäter. »Sie müssen Loris Leben in Ihren Händen halten – sprichwörtlich.«

»Wie?«

»Wir zeigen es Ihnen.« Schnell legten die Sanitäter Marys Hände an Loris Wunde und verbanden die beiden Frauen in dieser Haltung zu einer Art siamesischen Zwilling. Sechs Männer waren nötig, um die beiden aus dem Graben zu heben, ohne das Arrangement zu zerstören. Sirenen heulten, Lichter blinkten.

Mary lächelte Lori zu, während der Hubschrauber zu einem Wettlauf gegen die Zeit antrat. »Ich habe dir ja gesagt, daß wir zusammenbleiben«, erinnerte sie sie.

Es dauerte Stunden, bis sich die beiden Patienten in einem stabilen Zustand befanden und Mary in der Lage war, sich von Lori zu lösen. Erst dann erinnerte sie sich plötzlich an die geheimnisvolle Tasche, und sie fuhr zurück zum Unfallort, um sie zu holen. Einige Feuerwehrleute hatten Mary die Tasche benutzen sehen und angenommen, es sei ihre. Wäre sie gefunden worden, hätte man sie ihr sicherlich zurückgegeben. Auch war der Ort nicht unbeaufsichtigt gewesen. Seit dem Unfall stand er unter ständiger Überwachung. Die Arzttasche allerdings war auf mysteriöse Weise verschwunden. Und obwohl die Arbeiter alle Unfallfragmente penibel einsammelten, wurden weder Verbandszeug, Mull noch sonst irgend etwas aus der Tasche gefunden.

Heute verbindet Lori und Mary eine enge Freundschaft, die sie in jenen verzweifelten Momenten im Straßengraben schlossen, als sie das Gefühl hatten, von den Händen eines göttlichen Arztes beschützt zu werden.

RETTUNG AUF DER STRASSE

Möge man dir niemals Steine in den Weg legen
Möge der Wind dir immer im Rücken sein …
Und möge Gott dich sicher in seinen Händen halten.

IRISCHER SEGNUNGSSPRUCH

Es geschehen oft Wunder, wenn wir mit dem Auto fahren. Barbara Brownwell wundert sich immer noch über die Ereignisse anläßlich des Besuchs bei ihrer schwangeren Schwiegertochter in Palmer, Alaska. Marce erwartete das Baby jeden Moment und paßte nicht mehr hinter das Lenkrad ihres Wagens. Also erklärte sich Barbara bereit, mit ihr einkaufen zu fahren, obwohl sie sich in der Gegend nicht auskannte.

Die Straße schlängelte sich durch dichten Wald, der bis an den Straßenrand reichte, und sie fuhren an einem Schild vorbei auf dem es hieß: *Vorsicht – verengte Straßenführung auf der Brücke.*

Was, wenn ihnen jemand entgegen kam? fragte sich Barbara im Stillen. Es wäre kein Platz zum Ausweichen da. Barbara fuhr um eine Kurve und hatte die Brücke schon erreicht – als ihre Angst sich bestätigte. Sie hörte, wie Marce den Atem anhielt. Ein Sattelschlepper raste auf sie zu, und sie würden in der Mitte der Brücke aufeinander treffen. Aber dort war nicht einmal genug Platz für zwei Personenkraftwagen.

Barbara dachte an Marce, das Baby und an den Schock für

ihren Sohn … Sie schloß die Augen. »Bitte, Gott, nicht jetzt«, flüsterte sie und fuhr geradeaus weiter.

Ein paar Sekunden verstrichen und Barbara machte die Augen wieder auf. Sie hatte die Brücke unversehrt überquert. Von dem Lastwagen war nichts mehr zu sehen.

Nach einer längeren Zeit der Trennung versuchten Ardith Muse und ihr Mann ihre stürmische Ehe wieder in Ordnung zu bringen. Doch Ardith konnte Bob nicht vergessen, den Mann, den sie nach der Trennung von ihrem Mann kennengelernt hatte. Obwohl Bob in einer anderen Stadt wohnte, ungefähr vier Autostunden entfernt, fühlte sich Ardith unwiderstehlich zu ihm hingezogen.

Eines Nachts hatten sich Ardith und ihr Mann wieder einmal gestritten. Ardith stürmte aus dem Haus. Sie würde zu Bob fahren, beschloß sie. Auf der Schnellstraße kamen ihr aber plötzlich Zweifel. Hatte sie ihrem Mann nicht versprochen, Bob nicht mehr zu sehen? Hatte sie nicht versprochen, an ihrer Ehe zu arbeiten? Welchen Wert hatte ihr Wort, ihr Gelübde, wenn sie es in einem Wutanfall brach?

Vier Stunden später, als Ardith Bobs Wohnung bereits erreicht hatte, stand ihr Entschluß fest. Sie wendete und fuhr zurück. Wenn sie sich beeilte, konnte sie vielleicht noch zu Hause sein, bevor ihr Mann zur Arbeit mußte.

»So gegen fünf Uhr morgens, ich hatte noch eine Stunde zu fahren, bemerkte ich, daß keine Autos in meiner unmittelbaren Nähe waren, erst wieder eine Meile hinter mir«, sagte sie. »Also nahm ich die Gelegenheit wahr und schnallte mich ab, um mich zu strecken.« In diesem Moment jedoch fuhr sie durch eine Ölspur. Sie hatte sie in der Dunkelheit nicht gesehen, und ihr Wagen fing an zu schlingern.

»Ich bin in Michigan aufgewachsen, ich weiß also, wie man mit einer Rutschpartie fertig wird«, sagt Ardith. Aber alles war vergebens. Ihr Wagen drehte sich im Kreis, bei sechzig

Meilen in der Stunde, und Ardith war nicht angeschnallt! Wie bald würden die Autos hinter ihr sie eingeholt haben und mit ihr zusammenprallen? Ardith sah sich schon tot, und ihr Mann würde nie erfahren, daß sie auf dem Weg zu ihm gewesen war. »Bereits vor langer Zeit hatte ich mich von Gott abgewendet«, sagt Ardith. »Aber ich wußte, daß Er mich trotzdem liebte. Jetzt nahm ich die Hände vom Lenkrad und sagte: ›Gott, du hast die Kontrolle.‹.« Sie schloß die Augen und wartete auf den Aufprall.

Aber nichts geschah. Sekunden vergingen, das Auto kam zum Stehen, und Ardith machte vorsichtig die Augen auf. Ihr Wagen befand sich nicht mehr auf der Straße, sondern auf der anderen Seite der Leitplanke. Der Motor lief noch und das Getriebe lief im Fahrgang. Ardith sprang heraus. Wo waren die Autos hinter ihr geblieben? Sie blickte sich um – und ihr stockte der Atem.

Sie waren immer noch eine Viertelmeile entfernt! Obwohl ohne Zweifel mehrere Minuten vergangen waren, schienen die Autos nicht näher gekommen zu sein. Ardith kniete sich ins nasse Gras, und Tränen liefen ihr über das Gesicht. »Danke, Gott. Ich danke Dir!« war alles, was sie zu sagen vermochte. Ardith hat ihren Mann an jenem Morgen nicht mehr angetroffen. Aber sie vertraute sich erneut Gott an und bat ihn, ihre Ehe wiederherzustellen. Heute, fünf Jahre später, hat das Paar zwei Kinder und eine wunderbare Beziehung, die auf Vertrauen baut – und auf die Erinnerung an jene Nacht, in der Gott die Zeit stillstehen ließ.

Maureen M. verließ die Party später, als sie ursprünglich vorgehabt hatte. Außerdem wollte ein Bekannter von ihr mitgenommen werden. »Es war eine fürchterliche Nacht, es nieselte, und es war finster und nebelig«, sagt sie. Sie setzte ihren Bekannten gegen zwei Uhr dreißig ab und hatte noch zehn Meilen zu fahren. Aber der Nebel war dichter geworden, und man konnte kaum etwas sehen. »Der Weg führte durch einen Wald, zu beiden Seiten der Straße flossen Bäche, und es gab viele scharfe Kurven«, erinnert sich Maureen. »Die Sicht war schlecht, und ich machte die Tür auf und orientierte mich am Mittelstreifen.«

Was sollte sie tun? Es gab nur wenige Häuser entlang der Straße, wenn überhaupt welche. Abgesehen davon, würde sie tatsächlich um diese Uhrzeit an der Tür eines Fremden klingeln? Zum Haus ihres Bekannten zurückzukehren wäre fast genauso gefährlich, wie nach Hause zu fahren. Wäre sie in Sicherheit – oder war es warm genug –, wenn sie einfach parkte?

Sie fuhr weiter, aber der Nebel wurde dichter. Plötzlich setzte das Radio aus. Mutlos realisierte Maureen, daß die Batterie den Geist aufgegeben hatte. Die Armaturenbeleuchtung im Wagen flackerte, wurde schwächer – und erlosch. Maureen betete oft, wenn sie mit dem Auto fuhr, aber diesmal *flehte* sie: »Heiliger Geist, hier ist etwas für dich«, murmelte sie. »Ich kann nichts sehen. *Du* mußt das Auto für mich fahren.«

Maureen fuhr langsam weiter, obwohl die Scheinwerfer nicht mehr funktionierten. Sie umklammerte das Lenkrad, als wäre es ihre einzige Verbindung zum Leben, und hin und wieder, ohne ersichtlichen Grund, bog sie nach links oder rechts ab und blieb doch irgendwie auf der Straße. Niemand kam ihr entgegen. Sie konnte die Umrisse der Straße nicht mehr erkennen, keine Bäume, keine Straßenschilder – so dicht war der Nebel. Es war, als führe sie durch graue Zuckerwatte. Würde diese furchtbare Fahrt je ein Ende haben?

Irgendwann stotterte der Motor, hustete und ging aus. Die Batterie war endgültig leer. *Gott, paß auf mich auf …*, betete Maureen.

Der Wagen rollte sanft aus und stoppte. Wenigstens war er keine Böschung hinuntergerast. Aber wo war sie? Zögernd machte Maureen die Autotür auf, stieg aus, tastete sich am Auto entlang und hielt die Arme ausgestreckt.

Moment! Da waren Umrisse, ungefähr einen halben Meter vor der Stoßstange. Es sah aus wie die Konturen eines Hauses. Aber wie …? Maureen machte noch einen oder zwei Schritte, bis sie direkt davor stand. Sie schaute, schaute noch einmal und fiel weinend und dankbar auf die Knie.

Sie war in ihrer eigenen Einfahrt.

Das war nicht das einzige Wunder in Maureens Leben. Auch ihr Vater Hugh* kam mit einem Wunder in Berührung:

Als Hugh sich einen Kleintransporter kaufte, legte er ein kleines Kreuz ins Handschuhfach; eine kleine zusätzliche Reiseversicherung. Dann verschloß er das Handschuhfach und dachte nicht mehr daran. Eines Tages, als Hugh in einer großen Stadt eine verkehrsreiche Autobahn benutzte, verlor jemand die Kontrolle über seinen Wagen und raste in Hughs Transporter. Zeugen erzählten Hugh später, daß er bei dem Aufprall durch das offene Fenster auf der Beifahrerseite geschleudert worden sei. Der Transporter hatte sich mehrmals überschlagen, war auf dem Dach liegengeblieben und verfehlte nur um Haaresbreite einige andere Autos.

Hugh war für kurze Zeit bewußtlos. Er kam bald wieder zu sich, wußte jedoch nicht, wie schwer der Unfall gewesen war. Er stand auf und sah, wie Leute auf ihn zustürzten. »Bleiben Sie liegen, bleiben Sie liegen!« riefen sie. »Sie sind bestimmt verletzt!«

»Keineswegs.« Hugh ging es gut. Er blickte erstaunt zu seinem Kleintransporter hinüber, der ein paar Meter weiter weg lag. Wie hatte er das nur überlebt, ohne sich zu verletzen?

Sein Kopf wurde langsam klarer, und als er die Sirenen eines Krankenwagens hörte, bemerkte Hugh, daß er etwas in seiner rechten Hand hielt. Es war das kleine Kreuz.

Den Superbowlsieg der Chicago Bears feierte Michele Malec mit Drogen – und sie nahm eine Überdosis. »Ich erwachte auf dem Boden im Flur, und das Atmen fiel mir schwer«, sagt sie. »Ich wollte eine Valium nehmen und schaute in den Spiegel. Mein Gesicht war blaugrau.«

Michele bekam es mit der Angst zu tun. »Gott, bitte, hilf mir«, betete sie. Sie ging zu ihrem Auto, setzte sich ans Steuer, kann sich aber nicht erinnern, den Wagen gestartet oder die Garagentür geöffnet zu haben. Vor ihr schien ein helles Licht zu scheinen. Dann erwachte sie in Little Company in der Notaufnahme des Marienhospitals, umgeben von Krankenhauspersonal.

Die Gesichter der Leute waren verschwommen bis auf das eines einzigen Mannes. »Er war vielleicht dreißig, sehr ruhig und freundlich«, sagt sie. »Er sprach sanft zu mir, als liebte er mich, und ich fühlte mich geborgen.« Michele schlief wieder ein.

Am dritten Tag ihres Krankenhausaufenthaltes steckte jemand seinen Kopf durch die Tür ihres Zimmers. »Ich wollte nur mal sehen, wie es Ihnen geht«, sagte er.

»Kenne ich Sie?« fragte Michele.

»Ich bin der Wächter von der Notaufnahme«, sagte der Mann. »Ich hatte Dienst in jener Nacht, in der Sie herkamen.«

»Ich kann mich an nichts erinnern«, gab Michele wehmütig zu. »Wie bin ich hier hergekommen? Haben Sie gesehen, wer mich hergebracht hat?«

Der Wächter zögerte. »Niemand hat sie gebracht«, sagte er schließlich.

»Aber …«

»Ich sah, wie Ihr Wagen auf den Parkplatz fuhr«, erklärte der Wächter langsam. »Sie waren bewußtlos. Als das Auto hielt, machte ich die Tür auf. Außer Ihnen war da niemand.«

Aber das war unmöglich. Wie hatte sie eine unbekannte

drei Meilen lange Strecke bewußtlos durch verschneite Straßen fahren können – und das ohne einen Unfall!

Ein paar Wochen später mußte Michele zu einer Nachuntersuchung noch einmal in dasselbe Krankenhaus.

»Dieser junge Doktor in der Notaufnahme«, erkundigte sie sich, »wer war das?«

»Hier war kein junger Doktor«, erwiderte der Arzt. »Es waren nur mein Kollege und ich hier – und wir hatten alle Hände voll zu tun, denn ihr Herz hatte auf dem Untersuchungstisch zu schlagen aufgehört.«

»Wirklich?«

»Sie haben Glück, junge Frau«, fügte er hinzu. »Irgend jemand scheint seine schützende Hand über sie zu halten.«

Michele dachte an die gefährliche Fahrt, ihre Begegnung mit dem Tod und an den Mann mit den freundlichen Augen und dem liebevollen Lächeln. »Das tut tatsächlich jemand«, sagte sie.

Michele führt jetzt ein erfüllteres Leben. Tag für Tag legt sie all ihre Probleme in höhere Hände.

Buch zwei

WENN ENGEL WUNDER WIRKEN

ENGEL UNTER UNS

Wäre es nicht wunderbar, wenn, während Sie diese Zeilen lesen, ein Engel in Ihr Ohr flüsterte und Ihnen von Gottes bedingungsloser Liebe zu uns erzählte, Worte, die Sie erreichen können, wenn Sie nur genau hinhören?

MITCH FINLEY, »EVERYBODY HAS A GUARDIAN ANGEL«

Als Randy Owen an einem regnerischen Tag das Büro verließ, um ein paar Besorgungen zu machen, fing seine Mutter Natalie an, sich um ihn zu sorgen. Hagelstürme waren in Dallas nichts Ungewöhnliches, doch ihre Angst wurde größer, als die Temperatur schlagartig fiel. »Ihr Engel«, sagte sie, »bitte, beschützt meinen Randy, egal, wo er heute hinfährt.«

Randy kam unversehrt nach Hause, und Natalie umarmte ihn erleichtert. »Mom«, sagte er aufgeregt, »du wirst nicht glauben, was mir passiert ist!« Auf einer Brücke hatten etwa zwanzig Fahrer zur selben Zeit die Kontrolle über ihre Autos verloren, auch Randy. Sie rutschten, drehten sich im Kreis und blieben schließlich stehen. »Alles schien in Zeitlupe zu passieren«, erklärte er. »Aber obwohl die Autos kreuz und quer zum Stehen kamen und nur noch etwa drei Zentimeter voneinander entfernt waren, stießen sie nicht zusammen!« Die Fahrer waren ausgestiegen und hatten verblüfft ihre Autos untersucht. Wie war das nur möglich? Natalie lächelte nur – und dankte dem Himmel.

Karen Sue und Mike Reilly reisten mit ein paar anderen Missionaren nach Holland, um in Amsterdam an einer Versammlung teilzunehmen. Für Karen Sue war das die erste größere Reise, und die fremde Umgebung flößte ihr ein wenig Angst ein.

Eines Tages durchquerten die jungen Leute einen als gefährlich geltenden Bezirk. Erfahrene Mitglieder warnten die Novizen, daß die Leute, die dort lebten, sie belästigen und mit Gegenständen bewerfen würden. Auf ihrem Weg, sangen sie, priesen Gott, und Karen Sue wurde langsam nervös.

Sie schaute über ihre rechte Schulter und sah einen blonden Mann in heller Kleidung. Er schob ein nagelneues Zehngangrad und lächelte sie an. »Ihn umgab eine Aura«, erinnerte sie sich. Und es war seltsam, denn die meisten Menschen in Amsterdam tragen dunkle Kleidung. Und niemand besitzt ein solches Fahrrad – sie sind alle rostig und haben dicke Reifen. Seines wäre sicher gestohlen worden, hätte er es in dieser Gegend abgestellt.«

Plötzlich war Karen Sue die letzte in ihrer kleinen Gruppe, aber sie hatte nun keine Angst mehr. Von Zeit zu Zeit schaute sie über ihre Schulter und sah den Mann, der ihnen folgte und sie beobachtete. Würde sie sich später mit ihm unterhalten können?

Der Marsch endete schließlich ohne Zwischenfälle vor der Teestube der Mission. Aber Karen Sues Eskorte war fort, und sie hatte begriffen. Er hatte sie durch einen dunklen Abschnitt ihrer Reise begleitet und wurde nun nicht länger gebraucht.

George saß im Flugzeug neben mir und erzählte mir von der Zeit, als er in eine neue Stadt gezogen war und alleine lebte, ohne Freunde und Familie. »Ich erinnere mich noch genau an die unglaubliche Einsamkeit«, sagt er. Manchmal war sie so unerträglich, daß er sich fragte, ob dieses Leben solche Mühen eigentlich wert war.

Eines Abends ging er allein in ein Restaurant, um dort zu

essen. Der Oberkellner kam lächelnd auf ihn zu. »Ein Tisch für *zwei?*« fragte er.

»Was war mit dem Mann los?« wunderte sich George. »Für eine Person«, erwiderte er bestimmt.

Der Mann schaute verblüfft, führte George zu einem *Zweiertisch* und zog *beide* Stühle zurück.

Die Kellnerin legte *zwei* Speisekarten auf den Tisch und füllte *zwei* Gläser mit Wasser. Geistesabwesend nahm George davon kaum Notiz.

Aber als das Essen serviert wurde, geschah etwas Sonderbares. Mit einem Mal wurde sich George der positiven Dinge in seinem Leben bewußt. Er war gesund, sah gut aus, hatte einen guten Job, eine schöne Wohnung ... und darüber hinaus liebte Gott ihn. George hatte schon lange nicht mehr an Gott gedacht. Er hatte versucht, alles allein in den Griff zu bekommen. Jetzt, während er aß, spürte er sprichwörtlich, wie seine Niedergeschlagenheit verflog und einer fröhlichen Erwartung wich. Das Leben war doch nicht so schlecht.

Als George sich mit der Rechnung zur Kasse begab, lächelte er. Die Kassiererin lächelte zurück und gab ihm sein Wechselgeld. »Ihr Freund war wohl heute nicht hungrig, hm?« bemerkte sie.

George war schon bei seinem Auto, als es ihm wie Schuppen von den Augen fiel. Die Restaurantangestellten hatten offenbar jemanden mit ihm zusammen gesehen. War das ein ausgewachsener Scherz? Wem dem so war, wie konnte dann das unerwartete Gefühl von Wohlbehagen erklärt werden, das ihn jetzt nach Monaten des Unglücks beseelte?

»Ich glaube, mein Engel kam, um mir Vertrauen und Trost zu spenden, und zwar so, daß ich keinen Zweifel mehr hatte«, erzählte George mir. »Das war die Wende in meinem Leben.«

Ob wir Engel sehen können oder nicht, ob sie als ganz normal aussehende Menschen zu uns kommen oder als Erscheinungen, sie sind in der Tat der Beweis für übernatürliches Eingreifen, für Antworten auf Gebete. Engel sind die Verbindung zwischen Himmel und Erde (das Wort *Engel* kommt aus dem Griechischen und bedeutet *Bote*) und schützen uns vor Gefahren. Natürlich tritt Gott oft direkt mit uns in Kontakt. Aber Engel werden mehr als dreihundert Mal in der Heiligen Schrift erwähnt, also lag es wohl in Gottes Absicht, daß sie eine wichtige Rolle in Seinem Plan spielen.

Die Vorstellung von Engeln ist im Judaismus, im Christentum und im Islam verbreitet. Das Interesse an ihnen ließ erst im achtzehnten Jahrhundert zur Zeit der Aufklärung nach, und man strebte seitdem nach Vernunft und Wissenschaft. Als Hochwürden Billy Graham in den siebziger Jahren anfing, über Engel zu predigen, stellte er fest, daß jahrzehntelang nur wenig oder gar nichts über sie geschrieben worden war. Graham stellte nicht nur Nachforschungen zu diesem Thema an, sondern er schrieb auch das Buch *Angels: God's Secret Agents*. Es wurde ein Bestseller und ist wahrscheinlich ein Vorläufer des derzeitig wieder erwachenden Interesses der Öffentlichkeit an Engeln. »In der Weltkrise, die uns noch Jahre lang zu schaffen machen wird«, schreibt er, »wird das Thema Engel ein großer Trost sein – eine Inspiration für alle gottesfürchtigen Menschen – und eine Herausforderung für alle Nichtgläubigen.«

Er hatte recht. Heute lesen die Menschen über Engel, bitten ihren Schutzengel, ihnen oder einer geliebten Person zu helfen – und untersuchen die »Zufälle« in ihren Leben mit größerer Aufmerksamkeit. Eine Umfrage von Time/CNN im Dezember 1993 ergab, daß 69 Prozent aller Amerikaner an die Existenz von Engeln glauben. Eine vorausgegangene Gallup-Umfrage ergab sogar, daß 75 Prozent aller Teenager an die Existenz von Engeln glauben. Engel geben den Leuten Sicherheit, auch in Zeiten der Verwirrung. »Ich kann Ihnen nicht sagen, wie gut es mir geht, seit ich weiß, daß ich einen spirituellen Begleiter habe«, schrieb mir ein ehemaliger Skeptiker.

Faszinierten Eltern zufolge scheint auch eine wachsende Zahl von Kindern Engeln zu begegnen: »Unser Junge, er ist im Vorschulalter, war überrascht, als ich ihm sagte, ich könnte den Engel in seinem Zimmer nicht sehen«, schrieb mir ein Vater. Bei anderer Gelegenheit fragte ein Dreijähriger, nachdem seine Mutter ihn wiederbelebt hatte: »Mammi, wer war der Mann hinter dir, der seine Hand auf deine Schulter gelegt hat?« Die Mutter selbst hatte niemanden gesehen oder gespürt.

Vielleicht ist der Himmel gerade für Kinder noch eine vage, aber nicht allzuferne Erinnerung, und sie sind noch für eine Weile mit beiden Welten verbunden. Wir sollten diesen Erlebnissen gegenüber aufgeschlossen sein, denn unsere Kleinen können uns möglicherweise eine Menge beibringen.

Vergessen wir nicht, daß Engel, obwohl sie sich in die Weltgeschichte einmischen, niemals ein Ersatz für Gott sind. Sie greifen auf Seinen Wunsch hin ein, bekunden uns Seine Anteilnahme und Seine Liebe, Seinen wunderbaren Frieden, der über jedes Verstehen hinausgeht. »Engel gehören einer einzigartigen anderen Dimension an, die wir, da wir auf die natürliche Ordnung beschränkt sind, kaum je verstehen können«, sagt Hochwürden Graham.

Aber wenn uns einer berührt, dann spüren wir es …

EIN WUNDER ZU WEIHNACHTEN

Es gibt etwas, dessen Sie sich vollkommen sicher sein können – der Zuneigung und der Sympathie unsichtbarer Welten.

PHILIPS BROOKS,
EPISKOPALISTISCHER BISCHOF

1955 quittierte Emilie Longs Mann, ein Offizier, den Dienst und nahm eine Stelle als Berater an. Er war jetzt jeden Monat zwanzig Tage lang auf Reisen. Emilie und die drei Kinder zogen in ein Haus in New England, wo auch Emilies Eltern lebten. »Sie waren alt und brauchten genausoviel Fürsorge wie die Kinder«, sagte Emilie. Es war eine anstrengende Zeit.

Es hatte ihr gefallen, die Frau eines Militärs zu sein, aber sie freute sich auch darauf, sich niederzulassen. Es tat ihr nur leid, daß es wahrscheinlich nicht noch mehr Longsprößlinge geben würde. Vor ein paar Jahren hatte sie sich nämlich einer Operation unterziehen müssen, die eine weitere Schwangerschaft höchstwahrscheinlich ausschloß. Emilie betete, daß die Ärzte unrecht hatten, aber sie war fast vierzig, und die Chance, daß ein Wunder geschah, wurde mit jedem Jahr kleiner. Emilie hatte sich gerade eingelebt, als sie krank wurde. Sie war für Wochen außer Gefecht gesetzt, aber als sie ihren Arzt zur Nachuntersuchung besuchte, stellte sie fest, daß sie zugenommen hatte. »Der Arzt dachte, ich hätte einen Tumor«, erinnerte sie sich, »doch nachdem er einige Tests vorgenommen hatte, kam er zu einem überraschenden Ergebnis. Wir konnten es einfach nicht glauben.« Emilie war schwanger.

Trotz aller Freude war sie besorgt. Eine normale Geburt wäre nicht möglich, sagte der Arzt. Emilie gehörte aufgrund ihres Alters schon zur höchsten Risikogruppe und sollte einen Spezialisten in einer anderen Stadt aufsuchen, der einen Kaiserschnitt vornehmen würde. Der Zeitpunkt der Geburt war noch strittig. Dezember? Januar? In den fünfziger Jahren konnte man noch keine genaueren Prognosen stellen. Und würde das Baby gesund sein, oder hatte ihre Virusinfektion bleibende Schäden verursacht?

Emilies Mann war oft fort, und so viele Menschen waren auf sie angewiesen. Konnte sie es überhaupt schaffen?

Es wurde Winter. Emilie ging ihrer Arbeit nach, führte Ferngespräche mit ihrem Mann, paßte auf ihre Eltern und ihre Kinder auf und betete zu Gott, Er möge ihr Baby beschützen. Aber es gab Zeiten, besonders wenn das Haus nachts still wurde und sie über den schweren Pfad, der vor ihr lag, nachdachte, in denen ihr Glaube schwankte – wenn auch nur ein wenig.

Die Weihnachtsferien standen vor der Tür, und Emilie suchte den Spezialisten noch einmal auf. »Er sollte sie ein letztes Mal röntgen. Das würde zeigen, wann das Baby groß genug war, um auf die Welt zu kommen«, sagte sie. Es war kalt, und es fing an zu schneien, aber die zwanzig Meilen lange Fahrt durch die malerischen Städtchen New Englands verlief normal. Als Emilie jedoch die Arztpraxis wieder verließ, war draußen ein Schneesturm ausgebrochen. Ihr erster Gedanke galt den Kindern, doch auch ihre Eltern konnten nicht lange ohne Hilfe bleiben. Je früher sie zu Hause war, desto besser. Inzwischen waren die Straßen tückisch. Und was war mit ihrer Sicherheit und der des Babys? Was, wenn sie einen Unfall hatte oder in einen Graben fuhr? Würde sie überhaupt gefunden werden?

Wieder fühlte sie sich schrecklich isoliert. Wäre sie doch nicht so allein!

Die Fahrt schien Stunden zu dauern. Emilie betete ohne Unterlaß, ihre Muskeln schmerzten. Krampfhaft versuchte sie nicht von der Straße abzukommen und durch die wirbelnden Flocken etwas zu erkennen. Es war wenig Verkehr. Eine Meile noch und sie war zu Hause. Aber die Straße war zu glatt. Sie bog in eine längere, aber weniger steile Straße ab. Vorsichtig manövrierte Emilie den Wagen die Seitenstraße hinauf, langsam genug, damit die Reifen hafteten (und um auszuweichen, sollte ihr ein Auto entgegenkommen), aber schnell genug, um zu verhindern, daß der Wagen ins Schleudern geriet oder stekken blieb.

Noch einmal rechts abbiegen und dann noch eine letzte abschüssige Straße. Der Schnee war tief. Emilie bog ab, gab Gas, der Wagen schlingerte und blieb stecken.

Oh, lieber Gott ... Sie saß fest, konnte fast nichts sehen, und ein steiler Berg lag vor ihr. Vielleicht konnte sie zu Fuß gehen. Aber dann wäre das Auto eine Gefahr für jeden anderen nichtsahnenden Fahrer. Im Kofferraum war Sand. Sollte sie versuchen, ihn zu streuen oder sich selber freizuschaufeln? Emilie dachte an die Anstrengung und den Kraftaufwand. Aber was blieb ihr übrig?

Sie schaltete in den Leerlauf, machte die Tür auf und hielt erstaunt inne. Ein großer Mann kam über die Straße auf sie zu. Er trug einen langen, dunkelgrauen Mantel, und seinen Hut hatte er tief ins Gesicht gezogen, um sich gegen den treibenden Schnee zu schützen. Ein Kombi parkte hinter ihm. Merkwürdig, daß sie ihn nicht schon vorher gehört oder gesehen hatte.

»Bleiben Sie im Wagen«, rief der Mann Emilie zu. »Ich helfe Ihnen heraus.« Sein Ton ließ keine Widerrede zu, und Emilie gehorchte.

Der Mann ging um ihr Auto herum, um den Wagen anzuschieben und er fuhr mit spielender Leichtigkeit durch die tiefer werdenden Verwehungen den Berg hinauf. Wie unglaublich stark er war, dachte Emilie, daß er den Wagen so schnell schieben konnte. Sie konnte ihn im Rückspiegel nicht sehen, aber als sie oben angekommen war, trat sie auf die Bremse, kurbelte das Fenster herunter und lehnte sich hinaus, um ihm zu danken.

Aber es war kein Auto dort. Auch die helfende Gestalt war nicht mehr da. Emilie blickte verwundert auf die verschneite Straße. Bald würden die Schneepflüge die Strecke für die abendlichen Pendler räumen. Aber jetzt, nicht eine Spur war zu sehen, nicht ein Fußabdruck störte die weiße Decke des frisch gefallenen Schnees, obgleich der Kombi doch auf sie zugefahren sein mußte, genau hier entlang.

Das richtige Weihnachtsfest kam für die Longs jedoch erst mit der Geburt ihres Sohnes Peter, einige Wochen nach dem 25. Dezember. Und als Emilie ihr kleines Wunder in den Armen hielt, dankte sie dem Himmel. Sie hatte geglaubt, sie sei allein, aber jetzt war sie klüger. Wie eine andere Mutter in einer längst vergangenen Zeit hatte sie eine gefahrvolle Reise gemacht und auf Gott vertraut. Und Er hatte Engel gesandt, um sie jederzeit zu beschützen.

DER BESCHÜTZER IN DER SCHEUNE

... mit Engeln im Gefecht
Besteht kein Mensch – der Himmel schützt das Recht.

SHAKESPEARE, »RICHARD II«

Seit dem fünften Schuljahr ritten Katie Lowell* und Michelle Sanders* zusammen aus. Sie lebten in einer ländlichen Gegend an der Ostküste. An ihrem achtzehnten Geburtstag im Jahre 1980 wurde Katie stolze Besitzerin von Blaze, einem wunderschönen haselnußbraunen Pferd mit weißen Flecken auf der Schnauze.

Michelle wohnte auf einer riesigen Farm mit vielen Scheunen und jeder Menge Weideland, und Katie hatte Blaze dort untergestellt. »Jeden Morgen vor der Schule setzte mich mein Vater auf dem Weg zur Arbeit vor der Scheunentür ab«, erklärt Katie. »Ich fütterte Blaze und brachte ihn auf eine der Weiden. Dann liefen Michelle und ich gemeinsam die Einfahrt hinunter zum Schulbus.

Nach der Schule gingen die Mädchen denselben Weg zurück. »Manchmal konnte ich Blaze nicht sehen, weil er von den Hügeln verborgen war«, sagte Katie. »Aber wenn ich ihn rief, kam er sofort angaloppiert, in vollem Tempo.« Die Mädchen striegelten dann ihre Pferde und sattelten sie, damit sie noch ausreiten konnten, bevor es dunkel wurde. Irgendwann würde Katies Vater kommen und seine Tochter abholen. Es war ein perfektes Arrangement.

Meistens ging Michelle nach Hause, bevor Katies Vater kam. Da von den anderen Pferdebesitzern um diese Zeit keiner mehr da war, blieb Katie so lange allein. »Aber ich fand es wunderbar«, sagt sie. »Die Farm war ein friedlicher Ort, und ich hatte nie Angst.«

Eines schönen Nachmittags Ende Oktober stiegen Katie und Michelle aus dem Schulbus und rannten zu der Weide, auf der die Pferde warteten. Die Mädchen ritten eine Weile aus, und schließlich wurden die Schatten immer länger.

»Ich muß beim Abendbrot helfen«, seufzte Michelle, rutschte vom Pferd und brachte es auf die Weide zurück. Michelle mußte immer in der Küche helfen.

Katie streckte ihrer Freundin die Hand hin, um sich zu verabschieden, hielt aber inne. Ihr war sonderbar zumute. Sie hatte plötzlich, ohne ersichtlichen Grund, Angst. »*Mußt* du denn schon gehen?« fragte sie.

Michelle warf ihr einen verwunderten Blick zu. »Sicher muß ich. Ich darf nie so lange draußen bleiben wie du, das weißt du doch.«

»Kannst du nicht noch ein bißchen länger bleiben?« flehte Katie. Ihre merkwürdige Angst wuchs von Minute zu Minute. Michelle sah sie noch verwunderter an. »Natürlich nicht. Außerdem wird es dunkel, und dein Vater wird bald hier sein. Bis morgen dann!« Winkend lief sie auf das Haus zu.

Katie winkte nicht zurück. Sie hatte inzwischen furchtbare Angst. Aber alles schien normal zu sein. Warum diese sonderbare Unruhe? Sie würde schnell ihre Arbeit in der Scheune erledigen und draußen auf ihren Vater warten, beschloß sie. Normalerweise trennte sie sich nur ungern von der Farm, aber heute sehnte sie sich nach dem Auto ihres Vaters.

Katie führte Blaze in den Stall und striegelte ihn eilig. In der Scheune wurde sie noch unruhiger, sie hatte das Gefühl, beobachtet zu werden. Aber es war niemand zu sehen. Endlich war sie fertig. Doch als sie gehen wollte, sah sie, daß die Pferde nicht genügend Heu zu fressen hatten. Sie mußte auf den Heuboden steigen und welches hinunterwerfen.

»Die oberen drei Böden der Scheune wurden als Heulager benutzt«, sagt Katie. »Der Boden über den Ställen war in vier Ecken aufgeteilt, eine für jedes Pferd, damit die Pferdebesitzer wußten, wieviel Heu sie verbraucht hatten und wann sie neues kaufen mußten.«

Katie kletterte die Leiter zum Heuboden hoch. Bei jedem Schritt wuchs ihre Angst. Irgend etwas stimmte nicht. Sie spürte es, ohne zu wissen, warum. Ihr Instinkt sagte ihr, sie solle fortlaufen, daß sie in Gefahr schwebe, daß ihr etwas Furchtbares zustoßen werde. Aber es war undenkbar, daß sie ihren geliebten Blaze ohne Heu zurückließ. Als sie oben angekommen war, legte sie die Hand an die Tür und wollte sie aufstoßen.

»Katie«, sagte genau in diesem Moment eine Stimme. »Katie, schließ die Tür. Geh nicht hoch. Geh hinaus, setz dich still hin und warte auf deinen Vater.«

Die Stimme war nicht laut. »Obwohl sie weder eindeutig weiblich noch männlich war, klang sie irgendwie maskulin«, sagt Katie. Die Stimme hörte sich ruhig, bestimmt und klar an – und gar nicht furchterregend. Aber sie *befahl.*

Verblüfft drehte sich Katie nach der Stimme um. Aber es war niemand hinter ihr. Außer ihr war niemand in der Scheune. Sie zögerte nicht, zu gehorchen. Hastig stieg Katie die Leiter hinunter, flitzte hinaus und wartete am gewohnten Platz auf ihren Vater. Sobald er da war, sprang sie ins Auto. »Ich fühlte mich erst sicher, als die Scheune außer Sichtweite war«, sagt sie.

Am nächsten Morgen fuhr Katies Vater sie wie immer zur Farm. Als sie die Farm erreichten, sahen sie überall Polizei.

Katies Vater stieg aus. »Was ist passiert?« fragte er einen Beamten.

Katie folgte ihm ängstlich. Ging es Blaze gut? Was war geschehen?

»Jetzt ist alles wieder in Ordnung«, versicherte der Beamte. »Aber gestern ist ein Gewalttäter aus einer Anstalt ausgebrochen und verirrte sich hierher.«

»Hierher?« Katies Herz fing an, schneller zu schlagen.

»Ja.« Der Polizist deutete auf die Seite der Scheune, wo sich Blazes Stall befand. »Er hatte sich auf dem Heuboden versteckt, auf einem Heubett, das er sich in der Ecke gemacht hatte.«

In *ihrer* Ecke. Wo ihr Heu lagerte. Dort, wo sie beinahe die Tür aufgemacht hatte …

Der Beamte schüttelte den Kopf. »Neben ihm lag eine Mistgabel. Damit wollte er sich verteidigen, falls er entdeckt würde. Ein Glück, daß niemand hineingegangen ist, bevor wir ihn gefunden haben.«

Ein Glück? Katie erinnerte sich an die namenlose Angst, die sie überkommen hatte, an die freundliche Stimme, die sie aus der Scheune geschickt hatte, und sie wußte – und würde es niemals vergessen – daß es weit mehr war als das.

HELFER IM KRANKENHAUS

Niemand sollte am Fußende des Bettes eines Sterbenden stehen, weil dies der Platz ist, der dem Schutzengel vorbehalten bleibt.

JÜDISCHE VOLKSWEISHEIT

Carole Mott-McCay hatte Spätschicht in einem Pflegeheim in New England, als einer der schwierigsten Patienten um Hilfe klingelte. »Es war ein stolzer Mann, einer von der alten Garde. Er war wütend, daß man ihn in ein Pflegeheim gesteckt hatte, und manchmal widerlich zum Personal«, sagte Carole. »Aber als ich in jener Nacht zu ihm kam, war er gelassen und freundlich.« Der Mann sagte zu Carole, ihm sei kalt und er wolle seinen gelben Lieblingspullover haben. Sie ging an seinen Schrank und hörte ihn plötzlich leise sagen »Du bist so schön. Du siehst aus wie ein Engel ...«

Carole drehte sich um, den Pullover in der Hand, und sah, daß der Mann friedlich entschlafen war. Hatte er mit Carole gesprochen? »Nein«, sagt sie. »Ich bin mir sicher, daß er etwas gesehen hat, das ich nicht sehen konnte.«

Zehn Tage, nachdem Virginia Lee aus Wauchula, Florida, ihr erstes Baby bekommen hatte, erkrankte das Neugeborene an Meningitis. Es trug schwere geistige Schäden davon.

»Mein Gebet lautete nicht mehr ›Gott, heile Brenda‹, sondern ›Vater, wenn ich Brendas Welt schon nicht erreichen kann, sei wenigstens Du bei ihr. Deine Engel mögen sie unterhalten und ihr die Liebe zeigen, die ich ihr nicht zeigen kann‹«, sagt Virginia.

Es folgten schwere Jahre. Virginia lernte Eltern von behinderten Kindern kennen, die verbittert waren und todtraurig, aber sie liebte Brenda von ganzem Herzen. Das Schlimmste war, den »Schleier«, der ihre Tochter umgab, nicht lüften zu können.

»Brendas Nervensystem war schwer geschädigt, sie weinte permanent, und ich wußte nicht mehr, wie ich sie trösten sollte.« Doch manchmal hörte das Weinen ganz plötzlich auf. Virginia eilte dann sofort zu Brenda, und sie lag still da, ein beseelter Ausdruck erschien auf ihrem Gesicht, als träume sie in den Tag hinein. Und manchmal lächelte sie sogar.

In solchen Momenten war sich Virginia sicher, daß jemand sich liebevoll um Brenda kümmerte, daß sie über »vertrauliche Informationen« aus dem Himmel verfügte. Aber Virginia war sich nie hundertprozentig darüber im klaren.

Brenda starb mit fünfundzwanzig in einem Pflegeheim. Während sie auf den Arzt wartete, kam eine Pflegerin zu Virginia. »Ich muß Ihnen etwas sagen«, begann sie zögernd. Kurz bevor Brenda starb, war die Pflegerin den Flur hinuntergegangen. Als sie das Ende erreicht hatte, drehte sie sich um und sah, wie eine dunkelhaarige Frau in einer Schwesternuniform in Brendas Zimmer trat. »Ich weiß, daß sie nicht zum Personal gehörte, und ich sprach sie an«, erklärte die Pflegerin. »Aber sie ging, ohne zu reagieren, in Brendas Zimmer.«

Die Pflegerin war ihr sofort hinterhergeeilt. Aber bei Brenda war niemand.

Virginia fing an zu weinen. »Ich konnte der Pflegerin nur sagen, daß sie Zeugin der Antwort auf mein fünfundzwanzig Jahre währendes Gebet geworden war«, sagte Virginia. Brenda hatte wirklich Kontakt mit Engeln gehabt, und einer war gekommen, um sie sicher nach Hause zu bringen.

Es gibt eine Unzahl von Geschichten über Engel, die uns in den Himmel begleiten. Aber Engel besuchen Krankenhäuser nicht nur, wenn jemand stirbt. Auch heilende Engel scheinen durch die Korridore zu streifen und bleiben, außer für einige Auserwählte, unsichtbar. Die Krankenschwester und Autorin Joy Snell berichtet, daß sie oft ein solches Wesen gesehen hat, »das von Patient zu Patient huschte und hier und da seine Hand auf die Stirn eines Leidenden legte«. Oft sagten die Patienten dann am nächsten Morgen: »Ach, Schwester, mir geht es heute schon viel besser.«

Vielleicht verkleiden sich die Engel als Pflegepersonal. Im Jahre 1985 mußte sich Lynda Butcavage im Nazareth Hospital in Philadelphia einer komplizierten Krebsoperation unterziehen. Sie erwachte auf der Intensivstation und sah eine Schwester neben ihrem Bett, eine schlichte junge Frau mit sanften blauen Augen und blondem Haar, das zu einem Dutt zurückgebunden war.

»Ich bin hier, um auf dich aufzupassen, Lynda.« Die Schwester beugte sich vor und strich sanft über Lyndas Wange. »Alles wird gut werden.«

Ihr tat alles weh, und sie hatte Angst. Aber die Schwester blieb bei ihr und sprach liebevoll auf sie ein. »Irgendwie merkte ich, daß sie etwas Besonderes war, und ich wurde ganz ruhig«, sagt Lynda. Die Schwester behandelte sie nicht. Das taten andere. Die Frau war einfach nur ... da.

Schließlich streichelte die Schwester noch einmal ihre Wange. »Ich muß jetzt gehen«, sagte sie sanft. »Aber ich verspreche dir, daß ich wiederkommen werde.«

»Wann?« fragte Lynda schläfrig.

Die Schwester lächelte. »Bald.«

Während der schwierigen nächsten Tage hielt sie nach der besonderen Schwester Ausschau. Aber die Frau kam nicht zurück. Nachdem man sie entlassen hatte, suchten Lynda und ihr Mann das Hospital noch einmal auf, um sich nach der Schwester zu erkundigen. Aber das Personal wußte sich keinen Rat. Niemand hatte die Frau bei ihr gesehen, und niemand, auf den diese Beschreibung paßte, arbeitete dort.

Seitdem mußte Lynda noch mehrere Operationen über sich ergehen lassen, aber ihren besonderen Engel hat sie nie wieder gesehen. »Trotzdem, ihren Liebreiz habe ich nie vergessen, und ich habe sie deutlich vor mir gesehen«, sagte Lynda. »Ich hoffe, daß ich sie im Himmel wiedertreffen (und umarmen) werde.«

Margaret rief bei einem lokalen Radiosender in Pittsburgh an, um dort ihre Geschichte zu erzählen. Nach einem Herzinfarkt war sie in einem Rettungswagen ins Krankenhaus transportiert worden, und sie hatte ein Sterbeerlebnis gehabt. »Ich erinnere mich, daß ich meinen Körper verließ und über ihm schwebte – wie es auch schon andere beschrieben haben«, sagte sie. »Ich sah mich auf der Bahre liegen, die Sirenen heulten, und Leute arbeiteten hastig über mir, aber ich hatte keine Angst. Mein Körper schien ein Gegenstand zu sein, nichts, worüber man sich Sorgen machen mußte. Das Gefühl von absoluter Ruhe war unbeschreiblich.« Margaret dachte, sie würde vielleicht davontreiben. Dann bemerkte sie, daß in diesem Drunter und Drüber ein junger Mann neben ihrem Körper auf der Bahre saß und sie eindringlich anschaute. »Er trug ein weißes Hemd und weiße Hosen und er sah sehr besorgt aus«, erinnert sich Margaret. »Er wendete den Blick nie von mir ab. Ich weiß noch, daß ich mich fragte, warum er – alle anderen waren so beschäftigt – einfach nur dasaß.«

Einen Augenblick später merkte sie, daß sie, statt zu entgleiten, wieder zurück in ihren Körper »schlüpfte«. Die Szene, die sie beobachtete, verschwand, und sie erwachte auf der Intensivstation.

Margaret erholte sich wieder und rief irgendwann den

Krankenwagendienst an. Sie bat darum zu prüfen, wer der junge Mann gewesen sei. Aber laut Akten war bei Margarets Transport kein Mann mitgefahren. Alle Personen, die sich um sie gekümmert hatten, waren Frauen gewesen. Außerdem arbeitete niemand, auf den diese Beschreibung paßte, für den Krankenwagendienst. Auch die Uniformen, die die Angestellten trugen, waren nicht weiß.

»Ich habe immer gehört, daß Engel von dem Zeitpunkt unserer Empfängnis an bis zu dem Moment, in dem sie uns zu Gott zurückbringen, auf uns aufpassen«, sagte Margaret, »und ich bin froh zu wissen, daß mein Engel seinen Job gut erledigt.«

Janis ist derselben Meinung. Sie brachte ihre drei Wochen alte Tochter in das Schumpert Memorial Hospital in Shreveport, Louisiana, weil sie an einer ernsten Magenkolik litt. Während ihre Tochter untersucht wurde, ging Janis in den leeren Wartesaal für Eltern und brach weinend zusammen. Ihr Baby war doch noch so klein. Was fehlte ihm? Was, wenn es keine Heilung gab?

Vage erinnert sich Janis, daß jemand den Raum betrat und sich neben sie setzte. Sie schaute auf und sah einen jungen Mann in einem kurzen weißen Hemd, wahrscheinlich ein Pfleger. Aber warum starrte er sie so liebevoll an? Seine Augen … sie waren so hell, so sanft. Janis war wie hypnotisiert.

»Es gibt keinen Grund zu weinen«, sagte der Mann in einem sanften Ton. »Deiner Tochter geht es gut.«

»Ich kann nichts dafür. Ich habe Angst«, schluchzte Janis.

»Das brauchst du nicht. Sie wird erwachsen werden.« Er schien sich sicher zu sein. Aber die Tests hatten gerade erst begonnen. Woher wußte er die Diagnose? Diese Augen, dieses durchdringende Starren … Es war, als würde er ihre Seele beruhigen. Janis wurde vollkommen überwältigt von der plötzlichen Erkenntnis, daß alles gut werden würde.

»Ich habe mir dein Kind angesehen«, sagte der Mann und erhob sich. »Hab keine Angst. Sie wird gesund werden.« Er legte seine Hand auf Janis Schulter, wandte sich dann um und verließ den Raum.

Janis war wieder allein, doch die Angst war von ihr gewichen ... sie war glücklich! Nach ein paar Minuten kam der Arzt herein und teilte mit, ihr Baby müsse sofort operiert werden.

Ruhig trug Janis ihr Kind zum Kinder-OP. Erst als die Operation beendet war und sich das Baby – wie vorausgesagt – erholte, versuchte Janis den Mann in Weiß zu finden, der sie so unerwartet getröstet hatte. Aber die Beschreibung paßte auf keinen Arzt oder Pfleger. Es waren auch keine anderen Eltern an jenem Morgen in den Wartesaal der Kinderstation geschickt worden. Und hatte er nicht gesagt, er hätte ihre Tochter gesehen?

Janis glaubt fest daran, daß er sie gesehen hat. Und daß er sie nie aus den Augen verliert.

HAST DU SCHON GEBETET?

Das Schönste, was wir erleben können, ist das Mysteriöse.

ALBERT EINSTEIN

Pam und Ken Larson aus Ann Arbor in Michigan wollten ein Kind adoptieren. Aber in Michigan waren private Adoptionen nicht zulässig, und keine der Agenturen zog sie in Betracht, weil sie schon zwei Kinder hatten. Also versuchten Pam und Ken es anderswo. Sie lebten eine Zeitlang in Spanien, hatten aber auch dort keinen Erfolg. Doch Ken blieb optimistisch. »Eines Tages werden wir noch einen Sohn haben, ich bin mir ganz sicher«, sagte er zu Pam, als sie aus Spanien zurückkehrten. »Und er wird Michael heißen.«

Pam, Krankenschwester von Beruf, war nicht so optimistisch. Schon vor ihrer Heirat hatte sie wiederholt gesundheitliche Probleme gehabt. Wenn sie ein Kind fanden, würde sie gesund genug sein, um es versorgen zu können?

Als die Larsons im Jahr 1983 einen Anwalt aus Costa Rica kennenlernten, der ihnen seine Hilfe anbot, baten sie ihn, es zu versuchen.

Pam und Ken füllten die für eine Auslandsadoption erforderlichen Formulare für die Einwanderungsbehörde aus und waren bereit, nach Costa Rica zu fliegen, sobald das Telefon klingelte. Aber es kam keine Nachricht. Und Pams Gesundheitszustand verschlechterte sich. Im Jahre 1984 wurde bei ihr eine unheilbare Blasenkrankheit diagnostiziert.

»Es war eine schwere Zeit für mich«, sagt sie. »Ich glaubte, daß Gott Menschen heilen kann, aber für mich war das so ähnlich wie Lotto spielen. Ich weiß, daß jemand gewinnt, aber ich werde es nicht sein, weil ich kein Los kaufe.« Pam bat Gott, sie zu heilen, und auch andere beteten für ihre Gesundheit, aber sie blieb krank – und mutlos.

Im Februar des Jahres 1985 schlug ein Freund der Familie vor, noch einmal für sie zu beten. Pam zögerte – warum sollte sich diesmal etwas ändern –, aber sie stimmte zu. Ihr Zustand verschlechterte sich, doch am nächsten Morgen beteten ihre Familie und ihre Freunde wieder, als plötzlich die Hand ihres Sohnes Chris anfing zu kribbeln.

»Chris legte seine Hand auf meinen Bauch, und ich merkte, daß mir warm wurde«, sagte Pam. »Jemand sagte: ›Seht Euch ihre Haut an!‹ Normalerweise hatte meine Haut einen grünlichen Schimmer, aber jetzt färbte sie sich rosa.« Innerhalb von Minuten fühlte sich Pam besser. War sie geheilt?

Nach ein paar Tagen erreichte sie ein Brief von dem Anwalt aus Costa Rica. Es war drei Jahre her, seit sie ihn um Hilfe gebeten hatten. Hatten sie noch Interesse, ein Kind zu adoptieren? Ein Baby, das in Frage kam, würde im Juli auf die Welt kommen.

Pam fühlte sich kerngesund, während sie sich auf einen vier- bis sechswöchigen Aufenthalt in Costa Rica vorbereitete. Als sie erfuhr, daß ihr Sohn geboren sei, kamen ihr auf einmal Bedenken, alleine in ein fremdes Land zu fahren, »nur mit meinem Schulspanisch!« Es ging ihr jedoch so gut, daß sie sogar ihre Medikamente vergaß.

Kurz nach ihrer Ankunft in Costa Rica wurde Pam das Sorgerecht für das Baby zugesprochen, aber alles andere verlief nicht nach Plan.

»Formulare waren verschwunden oder fehlerhaft übersetzt worden, und das bedeutete zusätzliche Arbeit«, erinnert sie sich. »Mein Visum lief nach dreißig Tagen ab. Ich konnte also ausgewiesen werden, falls ich aufgegriffen würde. Meine größte Sorge war, daß es sich die Mutter des Babys anders überlegte.«

Dann änderte die Regierung auch noch einige Adoptionsgesetze, und Pam wurde mitgeteilt, der ganze Prozeß müsse vielleicht wieder von vorne beginnen.

Ihre einsame, vierwöchige Odyssee verlängerte sich. Zwei Monate, drei ... Ken kam zu Besuch, um seinen neuen Sohn zu sehen und um Papiere zu unterschreiben, mußte aber schließlich wieder zu den Kindern zurück. Die täglichen Anrufe waren ein schlechter Ersatz für seine beruhigende Gegenwart. »Ich war niedergeschlagen und hatte Angst«, erinnert sich Pam. »Jeder Tag schien einen Monat zu dauern, und ich weinte oft.« Aber sie betete auch. Und trotz der Anspannung blieb sie gesund.

Am 1. November überreichte der Anwalt Pam endlich die Papiere. Sie und das Baby durften nach Hause fliegen! Pam eilte zu einem Telefon und rief das amerikanische Konsulat an. »Ich möchte gerne einen Termin ausmachen, damit ich die Papiere vorbeibringen kann«, sagte sie der stellvertretenden U. S.-Konsularin Gabriella.

Die Beamtin holte die Akte hervor. »Mrs. Larson, es fehlt noch immer ein Dokument, und zwar die endgültige Zusage der U. S.-Einwanderungsbehörde«, sagte sie.

Wieder hatte etwas mit einem Formular nicht geklappt, das schon vor Monaten beantragt worden war!

»Wir haben eine Kopie in Ann Arbor«, sagte Pam und versuchte die Ruhe zu bewahren. »Mein Mann kann es durch einen Kurier schicken lassen.«

»Es tut mir leid«, lautete die Antwort. Wir brauchen das

Original. Sie müssen noch einmal einen Antrag in Washington einreichen.«

»Wie lange wird das dauern?« Pams Stimme war nur ein Flüstern.

»Mindestens sechs Wochen.«

Sechs Wochen. Schockiert legte Pam auf. Wie konnte das nach all der Arbeit, nach all den Gebeten, möglich sein? Das Baby hier zu lassen kam nicht in Frage. Aber noch einen Tag länger zu bleiben, noch eine *Minute*?

Das konnte sie nicht.

Sie stürmte aus dem Raum und ging in das Parkhaus, ein offenes Gebäude, das von tropischen Pflanzen umgeben war. Blind lief sie auf und ab und war sich dessen gar nicht bewußt. »Gott, hab Erbarmen«, betete sie wieder. »Hab Erbarmen …« Ihr Glaube an Ihn, an Seine Liebe, Seine Fürsorge hatten sie so weit gebracht. Aber nun schien es, als verlöre sie ihren Halt, als würde sie wieder verzweifeln …

Und dann drehte sie sich um – und sah *sie*. Zwei Engel, zwei sehr große Engel, so groß, daß sie nur ihr Füße und Fesseln sehen konnte. Sie schaute hoch. »Sie waren barfuß«, sagte Pam. »Einer war blond und hielt ein Schwert. Ich konnte die Gewebestruktur seines Gewandes erkennen und das Ende der Schnur, die er als Gürtel um seine Taille gebunden hatte.« Sie war verblüfft, aber erstaunlich furchtlos.

»Ich heiße Michael«, sagte der eine. »Wir sind hier, um die Schlacht für dich zu gewinnen.«

Ja, antwortete sie leise. *Natürlich.* Irgendwie schien es seine Richtigkeit zu haben. Gott würde es für sie tun.

Pam weiß nicht, wie lange sie dort gestanden und sich gewundert hat. Nach und nach verblaßte die Vision. Und während sie verblaßte, hatte sie den unwiderstehlichen Drang, Gabriella noch einmal anzurufen, obwohl sie gar nicht wußte, was sie sagen sollte.

Aber Gabriella war außer sich vor Freude. »Mrs. Larson, Sie sind Christin? Haben sie gebetet?« fragte sie.

»Ja.« Pam war noch immer wie betäubt.

»Erhört Gott ihre Gebete immer so schnell?«

Tränen schossen Pam in die Augen. Etwas Wunderbares ging vor sich. Sie wußte es. »In letzter Zeit hat Er immer ziemlich schnell reagiert, Gabriella. Warum?«

»Nachdem Sie aufgelegt hatten, drehte ich mich um, und da stand ein Kurier mit einer Tasche«, erklärte Gabriella. »Und ganz unten, unter all den anderen Papieren, lag ihr fehlendes Formular.«

Wir werden die Schlacht für dich gewinnen …

»Und wir konnten Ihre Telefonnummer nicht finden …«

Gabriella redete immer noch. »Ich bin so froh, daß Sie zurückrufen. Wenn Sie noch kommen, bevor wir schließen, können wir heute noch alles erledigen!«

Diese unglaubliche Folge von Zufällen war wie ein Traum. Hatte der Himmel wirklich eingegriffen? Aber wie sollte all das sonst erklärt werden?

Nur ein paar Tage später stellte Pam ihren Kindern das neue Brüderchen vor. Später stattete sie dann ihrem Urologen einen Besuch ab, der sie voller Erstaunen für vollkommen gesund erklärte. Und im Laufe der Zeit wird die Antwort auf Gabriellas Frage immer klarer. Glaubt Pam an die Kraft der Gebete, an einen Gott, der heilt und Engel schickt und sich nach Seinem perfekten Fahrplan richtet? Wenn ihr Zweifel kommen, braucht sie nur ihr Wunderkind anzuschauen, ihren Michael, und sie weiß die Antwort.

DER ENGEL IM SESSEL

Wache, Herr, mit denen, die heute Nacht keine Ruhe finden oder sinnen oder weinen, und übergebe die Schlafenden Deinen Engeln.

AUGUSTINUS

Jackie Commins aus Newberg in Oregon glaubt an göttliche Hilfe. Da sie kein Auto besitzt, läuft sie täglich zwei Meilen zu einer Wäscherei, die sie leitet. »Im Sommer ist es nicht schlimm, aber im Winter, besonders dann, wenn man bei Dämmerung durch Eis und Schnee laufen muß«, sagt sie. »Aber seit ich gelernt habe, Gott und Seine Engel zu bitten, mich zu begleiten, spüre ich im wahrsten Sinne, wie mich Hände halten, insbesondere auf glatten Straßen.«

An einem Abend kurz nach Neujahr fand Jackie auf besonders anschauliche Weise heraus, wie sehr sich Gott um sie kümmert. Im Winter schläft sie auf der Couch im Wohnzimmer, weil ihr Schlafzimmer nicht beheizbar ist. Die Couch steht gegenüber von der Wohnungstür, und das Zimmer hat ein Fenster – Tür und Fenster gehen auf die Veranda heraus. Von der Veranda kann man direkt ins Wohnzimmer blicken, denn an den Fenstern hängen nur Ziervorhänge.

An jenem Abend war Jackie fast eingeschlafen, als sie ein lautes Klopfen erschreckte. Sie lebt allein, und es war dunkel im Haus. Sie beschloß, nicht zu reagieren. Wer es auch war, er würde bestimmt fortgehen.

Aber das Klopfen hörte nicht auf, und dann hörte Jackie

zwei Männerstimmen. Sie sprachen vor der Tür, nur ein paar Meter von ihr entfernt. Plötzlich leuchtete einer der beiden mit einer Taschenlampe durch das Fenster in der Tür; der Lichtstrahl verfehlte sie nur knapp. Jackies Herz fing an zu rasen. Die Männer hatten allem Anschein nach nichts Gutes im Sinn.

Wieder flüsterten sie miteinander, aber sie konnte sie nicht verstehen. Sie hörte, wie Schritte sich dem Fenster näherten, und wieder ging das Licht an. Der Strahl suchte den Boden ab und dann Jackies Sessel, der zum Fenster hin gedreht war. Nur eine dünne Fensterscheibe trennte sie von den Eindringlingen. »Mein Gott, mein Gott ...« Gelähmt vor Angst fielen ihr keine anderen Worte ein.

Der Lichtstrahl, der langsam den Sessel abtastete, hielt plötzlich inne. Dann wurde er ausgeschaltet, und Jackie hörte den einen Mann aufgeregt auf den anderen einreden. Das Licht ging wieder an, als hielte jetzt der zweite Mann die Taschenlampe. Wieder wurde der Strahl auf den Stuhl gerichtet und dann hastig ausgeschaltet.

»Laß uns von hier verschwinden!« hörte Jackie den einen sagen. Zwei Paar Schuhe klapperten die Treppen zur Veranda hinunter. Nach ein paar Sekunden war es still. Aber Jackie brauchte Stunden, bis sie endlich einschlafen konnte.

Tage später erfuhr Jackie aus der Zeitung, was in jener furchterregenden Nacht geschehen war. Zwei Männer waren gefaßt worden, die mehrere Häuser in Jackies Wohngegend ausgeraubt hatten. Die Gauner hatten sich als verzweifelte Reisende ausgegeben, die einmal telefonieren müßten. Als hilfsbereite Menschen ihnen die Tür öffneten, hatten sie sie überwältigt, alle Wertsachen mitgenommen und die Geschenke, die schon unterm Baum lagen. Offenbar hatten sie einen ähnlichen Plan für Jackies Haus verfolgt. Nur eins war nicht eingeplant, etwas, das sie seither nicht mehr losläßt. Was (oder wen) haben die Männer in dem Sessel gesehen?

DAS WUNDER AUF DEM WRIGLEY FIELD

Je länger wir wandeln, auf dem Pfade Gottes, desto häufiger werden wir Engeln begegnen.

DR. H.C. MOOLENBURGH,
»A HANDBOOK OF ANGELS«

Als Kenneth und Anita Steinke ihre sechs Kinder großzogen, wurde deutlich, daß Anita die »Spirituelle« in der Familie war. »Ich hatte nie mehr als eine oberflächliche Beziehung zu Gott«, sagt Kenneth, und er sah auch keinen Grund, es zu ändern. Aber Anita betete des öfteren, daß Gott sich doch ihrem Mann offenbaren möge.

Eines Nachmittags fuhr die Familie zum Wrigley Field, um das Spiel der Chicago Clubs gegen die Chicago Reds zu sehen. Die Steinkes gingen oft zum Baseball und waren überzeugte Tribünenkartenbesitzer, um immer das Außenfeld im Blick zu haben.

Tribünenplätze waren billig, und Familien konnten Picknickkörbe mitbringen. Außerdem bestand die Chance für einen Tribünengast, einmal einen Homerunball zu fangen.

Heute saßen die Steinkes auf der rechten Seite der Tribüne, und die vierjährige Janet, die jüngste, saß direkt vor Kenneth. »Janet war zierlich und klein, aber sie mochte Baseball«, sagt Kenneth. Alle waren entspannt und guter Laune.

Plötzlich jedoch hörte er eine Stimme: »Janet könnte von

einem Ball an der Schläfe getroffen werden. Wenn du nichts unternimmst, wird sie schwer verletzt oder getötet.«

Kenneth saß ganz still. Die Botschaft war so bestimmt, so zwingend, daß er nicht einen Moment lang deren Wahrheit bezweifelte. »Es klingt merkwürdig, aber ich war überzeugt, daß es passieren würde.«

Wie sollte er reagieren? Er konnte Janet fortbringen. Aber die Stimme hatte ihm nicht gesagt, *wann* der Ball sie treffen könnte. Sollten er und seine Tochter im Auto warten oder für die nächsten paar Stunden spazierengehen? Die anderen Kinder wären untröstlich, wenn er darauf bestand, daß sie alle nach Hause fuhren, besonders mit einer solch fadenscheinigen Begründung.

Was, wenn er »probte«? Langsam und unauffällig schob er seinen Arm vor Janets Kopf. Ja, sein Arm war groß genug, um sie zu schützen. Aber konnte er schnell genug reagieren? Für die nächsten Minuten übte Kenneth. Er schob seinen Arm schnell vor Janet, ließ ihn sinken und wiederholte alles …

Die Fans um ihn herum schauten ihm zu. Manche sahen ihn sonderbar an und fragten sich vielleicht, ob er irgendeinen Trick einübte. Natürlich war auch Janet verwundert. »Dad, was tust du da?« fragte sie. »Ich kann nichts sehen.«

Der Schlag von Peter Rose war wie aus dem Bilderbuch. Der Ball entlang der Linie schoß über das Wrigley Field und wurde schneller. Er flog über die Mauer, genau auf Janets Kopf zu. In dieser hundertstel Sekunde wußte Kenneth sofort, was er zu tun hatte. Er hielt seinen linken Arm vor den Kopf seiner Tochter, genau wie er es geübt hatte und hob die rechte Hand vor sein Gesicht. Der Ball traf seinen Arm mit furchtbarer Wucht, prallte ab, rollte auf Janet und Anita zu und verschwand dann in der Menge.

Kenneth besah sich den Schaden. Der Arm begann schon

anzuschwellen. Aber Janet war nichts passiert, und ihr kleines Gesicht blieb unversehrt.

In jener Nacht lag Kenneth lange wach. Sein Arm schmerzte, aber es war nicht der Schmerz, der ihn wachhielt. Was war heute geschehen? Hatte er wirklich eine Botschaft von Janets Schutzengel erhalten, oder von seinem eigenen? War es ganz einfach väterliche Intuition gewesen?

Dann erinnerte er sich an einen anderen Vorfall vor ein paar Jahren. In einem Traum hatte er gesehen, wie sein kleiner Sohn einen schlammigen Hügel hinunterrutschte, während er, Kenneth, das Kind mit einer Hand ergriff und sich mit der anderen an einem Baum festhielt. »Kenny wird ertrinken, wenn du ihn nicht rettest«, hatte ihm eine Stimme in seinem Traum gesagt. Kenneth war zwar alarmiert aufgewacht, hatte seine Angst aber später als unwesentlich abgetan.

Am Tag nach dem Traum hatte er mit den fünf älteren Kindern einen Ausflug gemacht. »Wir fuhren ziemlich ziellos herum, bis wir zu einer Stelle kamen, an der ich als Kind immer gespielt hatte«, erinnert er sich. »Wir liefen einen Weg entlang, und als wir um eine Ecke bogen, sahen wir einen Fluß mit einem Damm vor uns.«

»Daddy, schau doch!« Kenny rannte zum Wasser hinüber, und Kenneth folgte ihm rasch. Flüsse waren nicht der richtige Ort für impulsive Kleinkinder. Plötzlich rutschte Kenny einen schlammigen Abhang hinunter – direkt auf die wirbelnden Fluten am Fuße des Dammes zu.

»Paß auf!« rief Kenneth und wollte den Jungen fassen.

»Ich packte ihn mit einer Hand und griff nach einem Baum, um mich festzuhalten, als ich auf einmal begriff, daß ich mitten in der Szene aus meinem Traum steckte«, erinnert er sich. »Ich war da, genau im richtigen Augenblick, damit Kenny nicht ins Wasser fiel und ertrank.« Gott hatte ihm diesen Traum gesandt und so zu ihm gesprochen. Brauchte Kenneth noch mehr Beweise?

DER GEHEIMNISVOLLE RETTUNGSSCHWIMMER

Jede Nacht, jeden Tag
wachen Engel über mich,
mein Herr

»ALL NIGHT, ALL DAY«, VOLKSLIED

Wie viele andere Eltern bittet auch Carla Rizzuto die Schutzengel ihrer Kinder oft, sie zu beschützen. Zweimal hat sie sehr konkrete Antworten erhalten.

Als Paul etwa vier Jahre alt war, diagnostizierte ein Kinderarzt bei ihm einen Herzfehler. »In seltenen Fällen schließt sich das Loch von selbst«, sagte der Arzt Carla. »Aber so etwas dauert Jahre, und Paul wird bald operiert werden müssen.« Andere Ärzte sahen sich die Tests an und pflichteten ihm bei. Carla ging nach Hause und betete. Sie bat Gott, Pauls Engeln die Sache zu übertragen und dafür zu sorgen, daß ihr kleiner Junge gesund werde.

Fünf Monate später wurden die Tests wiederholt. Der Arzt war verblüfft. Das Herz war vollkommen gesund. »Wir haben keine Antwort darauf«, erklärte er ihr erleichtert, aber verwirrt.

Carla lächelte und sagte: »Ich schon.«

Drei Jahre danach besuchten die Rizzutos Disney-Worlds Wasserpark in Florida. Es war wunderbar. Den ganzen Nachmittag kletterten sie zur Spitze der Wasserrutsche hinauf und rutschten auf ihren Flößen wieder hinunter. Carla und ihr Mann Andy befanden sich immer vor Paul. »Der See war am

Ende der Rutsche sehr tief, und da Paul nicht schwimmen konnte, wollten wir vor ihm unten sein«, erklärte Carla.

Während einer weiteren Rutschpartie jedoch geriet die Situation auf einmal außer Kontrolle. Paul setzte in einer größeren Kurve zu einem Überholmanöver an. Er sauste an ihr vorbei und drehte sich wie wild um die eigene Achse. Er hatte sein Floß nicht mehr in der Gewalt.

Paul sah winzig aus – und zu Tode geängstigt. »Paul, halt dich an mir fest!« rief Carla, als sie versuchte, ihn zu fassen zu bekommen. Aber auch ihr Floß drehte sich, und sie verlor ihn für ein paar Sekunden aus den Augen. Als sie auf den See zuschoß, blieb ihr beinahe das Herz stehen.

Pauls leeres Floß tauchte ganz in der Nähe auf. Aber keine Spur von ihrem Sohn.

»Paul!« rief Carla. Schnell sprang sie ins Wasser. Es war ziemlich trüb. Sie konnte Paul nicht sehen. Sie tauchte einen Moment auf und schaute sich hektisch um. Wo war er? Dann spürte sie etwas an ihrem Bein.

Wieder tauchte sie. Paul! Sie griff ihn sich, aber als sie versuchte, ihn an die Oberfläche zu ziehen, fing er an sich zu wehren. »Er geriet in Panik und zog mich hinunter«, sagt Carla. »Ich weiß nicht, ob uns jemand gesehen hat, und schließlich hatte ich genauso große Angst wie er.«

Sie ließ Paul nicht los. Ihre Lungen schienen zu explodieren, und sie konnte nicht länger unter Wasser bleiben, um ihn zu halten. Plötzlich spürte sie, wie sich starke Hände um ihre Taille legten und sie an die Oberfläche trugen. Sie hielt Paul immer noch fest an sich gedrückt und tauchte unversehrt auf! Wer hatte sie angefaßt? Sie schaute in das ruhige und klare Gesicht eines Mannes, der neben ihr schwamm.

Er war jung und hatte lockiges, braunes Haar. Wahrscheinlich war er ein Rettungsschwimmer.

»Oh, danke!« Aber als Carla sich umdrehte, sah sie, daß

der wirkliche Rettungsschwimmer bereits am Pier stand und eine Schwimmweste für ihren Sohn ins Wasser geworfen hatte. Verwirrt schaute sie zurück.

Der unbekannte Retter war nicht mehr da.

»Wo ist er hin?« Carla suchte das Ufer ab. Dort war kein Mensch. Auch nicht in der Nähe des Piers, an dem der andere Rettungsschwimmer stand und zuschaute. Niemand war zu sehen, der auch nur im entferntesten so aussah wie ihr Retter.

»Wer, Mammi?« Paul erholte sich schnell. Inzwischen war auch Andy die Rutsche hinuntergekommen und trieb auf seinem Floß auf sie zu.

»Der Mann, Schatz, der uns gerade an die Oberfläche gebracht hat.«

Paul runzelte seine Stirn. »Ich hab keinen Mann gesehen«, sagte er.

Paul und Andy paddelten zum Pier zurück. Carla schwamm langsam zurück ans Ufer und setzte sich dort für eine Weile hin. Ihre Gefühle waren in Aufruhr. Je länger sie darüber nachdachte, daß es beinahe schiefgegangen wäre, desto ängstlicher wurde sie. Doch trotz aller Aufregung überkam sie ein Gefühl der Ruhe, beinahe ein Schwindel, ein Zustand, den sie genießen wollte. Sie starrte auf das Wasser. Wer war der Mann gewesen? Warum war er nicht geblieben, damit sie ihm danken konnte? Und da war noch etwas, etwas, das Carla nicht erklären konnte.

Natürlich. Sie setzte sich kerzengerade hin. Der Mann war aus dem See aufgetaucht, denn seine Hände hatten sie ja von unten nach oben getragen.

Aber als sie in sein Gesicht geblickt hatte, war sein lockiges braunes Haar vollkommen trocken gewesen.

»Gott paßt immer auf uns auf«, sagt Carla, »und an diesem Tag hat Er uns einen Engel geschickt.«

WUNDERMEILEN

»Siehe, ich sende einen Engel vor dir her, der dich behüte auf dem Wege ...«

ZWEITES BUCH MOSE 23,20

Im Juli 1983 hatte der Lastwagenfahrer Michael Harrington gerade einen neuen Auftrag angenommen. Er sollte eine Ladung Rindfleisch von Dakota City, Nebraska, nach Birmingham, Alabama, fahren. Auf dem Weg hatte Michaels Lkw jedoch Probleme. Als er den Terminal in West Memphis, Arkansas, erreichte, fuhr er hinein, um die Zugmaschine auszuwechseln. »Ich hatte Angst, das Fahrgestell am Anhänger zu senken«, sagt Michael. »Im selben Jahr, allerdings als ich noch für eine andere Firma arbeitete, hatte ich das gleiche schon mal getan, und der Hebel hatte nachgegeben.« Aus dem Gleichgewicht geraten, war Michael gestürzt, hatte sich das Knie ausgerenkt und mußte später operiert werden.

Also senkte Michael die Ladung besonders vorsichtig. Aber als er den Hebel noch einmal drehen wollte – geschah es wieder! Der Hebel gab nach, und Michael fiel hin.

Ein stechender Schmerz durchfuhr ihn. Voller Schrecken sah er, daß er sich sein *linkes* Knie ausgerenkt hatte – es mußte gerichtet werden. Aber wie? Er war fremd hier – wie sollte er einen Arzt finden? Oder sollte er versuchen, es selber zu tun? Sich über die lange Reise, die noch vor ihm lag, im klaren, biß Michael die Zähne zusammen, legte sein linkes Knie langsam zwischen die Tandemreifen, drehte sich auf die rechte Seite und zog so heftig, wie er konnte.

Mit einem fürchterlichen Knacken sprang die Kniescheibe zurück, aber nun schwoll sofort sein Bein an. Der Schmerz war unerträglich. Er stützte sich auf den Lastwagen, zog sich hoch und hinkte zum Fahrersitz. *Die Firma muß mir ein Flugticket nach Hause bezahlen*, dachte er. *Ich kann nicht weiterfahren.*

Sein Ansprechpartner am Funkgerät war anderer Ansicht. »Du bist der einzige Fahrer, den wir haben, Michael, und das Rindfleisch, das du ziehst, ist über zweihundertfünfzigtausend Dollar wert«, sagte er. »Ich tue mein Bestes, dich von Birmingham nach Hause zu holen, aber du mußt weiterfahren.«

Unter normalen Umständen sind starke Arme, kräftige Beine, gute Augen und viel Muskelkraft nötig, um einen so riesigen Lkw zu fahren. Als Michael in die Fahrerkabine kletterte, schrie er innerlich auf. Wie sollte er schalten? Er wußte wie er hoch- und runterschalten konnte, ohne die Kupplung treten zu müssen. »Aber man muß die Kupplung treten, wenn man anfährt, und ich wußte nicht, wie ich das anstellen sollte«, sagte er. Sein Bein tat höllisch weh.

Michael saß in dem Lkw und war verzweifelt. Er senkte den Kopf. *Gott, betete er leise, ich habe nicht die Kraft, um diesen Job zu Ende zu bringen. Bitte, schicke mir einen Engel.*

Langsam fuhr Michael nach Birmingham zurück und hielt unterwegs an, um zu schlafen. Erschöpft erreichte er den Terminal, und nachdem das Rindfleisch ausgeladen war, rief er den Firmenarzt und den Funker in Arkansas an, um zu verabreden, wie er nach Hause kommen sollte. »Mein Bein war inzwischen so angeschwollen, daß ich die Hose nicht ausziehen konnte. Sie schnürte mir das Bein ab«, sagt Michael. »Ich steckte in ernsten Schwierigkeiten.« Aber es schien kein Ende in Sicht. Der Firmenarzt wollte nicht, daß Michael fuhr, aber der Funker machte Probleme. »Wir können deinen Lkw nicht leer nach Hause bringen«, teilte er Michael mit. »Es gibt nur eine Möglichkeit. Du fährst nach Ringgold in Georgia. Dort kannst du mit einem anderen Lkw die Ladung tauschen und weiterfahren nach Smith, Arkansas. Von dort können wir dich dann nach Hause holen.« Michael hatte keine andere Wahl. Er mußte es tun.

Irgendwie schaffte er es bis Ringgold und tauschte die Ladungen aus. Inzwischen war sein Bein dreimal so dick wie normalerweise. Michael fuhr nun auf die Autobahn in Richtung Nashville. Es war so gegen zehn Uhr abends, und er war verzweifelt. Wie sollte er in diesem Zustand eine Ladung von vierzig Tonnen fahren?

»Ich erinnere mich, daß ich an die Kriegsgefangenen in Nordvietnam dachte«, sagt Michael. »Was hielt sie bei der Stange? Woher nahmen sie die Kraft, als sie litten und wußten, daß es noch lange dauern würde, bis sie nach Hause konnten?« Michael kam sich vor wie ein Gefangener seines Lkws. Nur Willenskraft – und Gottes Hilfe – konnten ihn aufrechthalten.

Aber gegen Mitternacht, er war in Monteagle in Tennessee, ließen seine Kräfte nach. »Das ist einer der schönsten Landstriche überhaupt«, sagt er. »Man sagt, Gott brauchte sechs Tage, um die Welt zu erschaffen. Ich glaube, in Monteagle hat Er sich ausgeruht.« Eigentlich fuhr Michael den Monteagle-Berg gern mit sechzig Meilen in der Stunde hinauf. Aber diesmal nahm er die langsame Spur. Er hielt eine Geschwindigkeit von fünfundvierzig Meilen und fühlte sich dabei immer schlechter. Ihm war schwindelig, ja zum Erbrechen übel. Er war schweißgebadet, und er hatte das Gefühl, sein Herz schlüge außerhalb seiner Brust. »Gott«, sagte er wieder, »bitte, hilf mir! Bring mich sicher hier hinunter!«

Es schien ein unerfüllbarer Wunsch zu sein. Sicherlich würde er das Bewußtsein und die Kontrolle über den Wagen verlieren. Aber als er die Spitze des Monteagle Hill erreichte, überkam Michael völlige Ruhe. Ein seliges Gefühl durchströmte ihn, eine Gewißheit, daß alles gut werden würde – und daß nicht er es war, der länger die Kontrolle über den Lkw hatte. Das war das letzte, an das er sich erinnert.

Als Michael seine Umgebung wieder wahrnahm, war er schon östlich von Memphis, dreihundert Meilen von Monteagle entfernt. Seine Hände lagen noch auf dem Lenkrad, und alles schien normal zu sein. Außer … Michael sah auf die Uhr. Es waren sechs Stunden vergangen.

Verblüfft fuhr er an die Seite. Sechs Stunden! Er war mit einem vollgeladenen Sattelschlepper durch halb Tennessee gefahren und konnte sich an nichts erinnern. Er griff nach dem Funkgerät und fragte seine Lkw-Kollegen, ob es zwischen Monteagle und Memphis irgendwelche Unfälle gegeben hätte. Keine, lautete die Antwort.

»Ich war gleich hinter dir«, sagte einer der Fahrer. »Was ist denn los?«

»Ich … ich habe mich in den letzten Stunden nicht wohl gefühlt«, versuchte Michael zu erklären. »Stimmte etwas mit meinem Fahrstil nicht?«

»Alles in Ordnung«, antwortete der andere Fahrer. »Du hast die Spuren normal gewechselt.«

Spuren gewechselt! Mit einem vierzig Tonnen schweren Sattelschlepper! Und irgendwie hatte er sogar die richtige Route gewählt, um den Stau in Nashville zu umfahren.

Oder … hatte *er* überhaupt irgend etwas getan? Michael entsann sich seiner Qualen, sein verzweifeltes Flehen um Hilfe. »Gott«, flüsterte er ehrfürchtig, »hast Du einen Engel gesandt, der meinen Lastwagen für mich gefahren hat?« Tränen liefen ihm über das Gesicht, als die ersten Sonnenstrahlen über dem Horizont erschienen und ihn durch und durch wärmten.

Das Postscriptum: Michael fuhr sicher nach Hause zurück, wurde operiert und bereitete sich auf seine Hochzeit im Oktober vor. Als es soweit war, ging er immer noch auf Krükken. Er war jedoch entschlossen, ohne diese Krücken zum Altar zu gehen, und er war zuversichtlich – nur die drei Stufen vor dem Altar in der kleinen presbyterianischen Kirche bereiteten ihm Kopfzerbrechen. Konnte er alleine die Stufen hochsteigen?

»An dem Morgen war ich ziemlich wackelig auf den Beinen, aber ich stand ohne Krücken vor dem Altar, als Brenda, meine Braut, den Gang hinunterkam«, sagt er. »Mein Cousin, er war Trauzeuge, stand neben mir für den Fall, daß ich hinfiel.« Dann wurde es brenzlig. Michael drehte sich um, nahm Brendas Arm, um sich zu stützen, und stieg die Stufen vorsichtig hoch. In diesem Augenblick merkte er, daß eine Hand ihm hinaufhalf. »Ich drehte mich um und wollte meinem Cousin sagen, es sei in Ordnung, daß ich es alleine schaffte«, sagt Michael.

Aber der strahlende Trauzeuge stand mindestens drei Meter hinter ihm. Und niemand sonst war in seiner Nähe. Daß heißt, niemand, der sichtbar war.

Heute spürt Michael immer noch von Zeit zu Zeit Gottes Gegenwart. Und auch an schlechteren Tagen hat er volles Vertrauen, weil er weiß, daß die Engel in seiner Nähe sind.

DER RUF IN DIE GEFAHRENZONE

O Schutzengel, breite schützend deine Flügel über mich; O Freund, erleuchte meinen Weg. Lenke meine Schritte und gib mir Schutz, nur heute.

DIE HEILIGE THERESE VON LISIEUX

Schwester Edie Murphy arbeitete in einer staatlichen psychiatrischen Klinik in Massachusetts. Eine solche Arbeit ist stets eine Herausforderung, und eine der schwierigsten Aufgaben ist es, sagt Edie, neue Patienten aufzunehmen. »Man weiß nie, in was für einem Gemütszustand sie sich befinden, ob sie vielleicht gewalttätig sind«, sagt sie. Die Krankenwagen lieferten die Patienten in dieser Klinik im Untergeschoß ab, etwas abseits von dem regulären Krankenhaustrubel. Aus diesem Grund sollten immer zwei Leute den Krankenwagen empfangen, eine Schwester und ein Pfleger.

Eines Nachts half Edie auf einer Station aus, auf der sie sonst nicht arbeitete, als sie erfuhr, daß ein Patient auf dem Weg war. Alle waren beschäftigt, und so meldete sich Edie freiwillig, ihn in Empfang zu nehmen.

»Mir war nicht ganz wohl zumute, denn ich arbeitete selten in der Aufnahme, und der Pfleger, der mich begleitete, war neu und ängstlich«, sagt sie. Aber als die beiden den Korridor hinunterkamen, sah Edie Dan. Er wartete auf sie. Sie war erleichtert, denn Dan war stark, und auf ihn war Verlaß. Sie hatte schon oft mit ihm zusammengearbeitet, jedoch nie in der Aufnahme. So ein Zufall, daß er genau im richtigen Moment hier war!

Bevor sie Dan fragen konnte, warum er heute Nachtschicht hatte, fuhr der Krankenwagen vor, lud den Patienten aus und fuhr wieder weg.

»Hallo, ich heiße Edie Murphy.« Edie lächelte den jungen Mann an. Erst später erfuhr sie, daß er sehr gefährlich war. »Ich bin für die Aufnahme zuständig.« Sein Gesichtsausdruck veränderte sich. Es kann eine gefährliche Situation entstehen, wenn ein Patient merkt, daß er in ein Krankenhaus eingeliefert worden ist.

Der Mann sprang auf Edie zu und wollte sie würgen. Der andere Pfleger reagierte kaum, aber Dan nahm ihn in den Schwitzkasten und hielt ihn fest, während Edie Hilfe holte.

Eine Stunde später, als Dan und sie die Gelegenheit hatten, miteinander zu reden, schlug ihr Herz immer noch wie wild. »Ich bin so froh, daß du da warst«, sagte Edie. »Ich könnte schwer verletzt sein.«

»Ein Glück, daß du mich gerufen hast«, stimmte Dan zu. »Aber woher wußtest du, daß ich Überstunden machte, und das fünf Gebäude weit weg von dir.«

Edie runzelte die Stirn. »Wie meinst du das, Dan? Ich habe dich nicht gerufen.«

»Aber ...« Dan starrte sie verblüfft an. »Irgendeine Frau rief unsere Oberschwester an. Sie sagte: ›Schickt Dan in die Aufnahme, Edie braucht seine Hilfe.‹«

Irgendeine Frau ... Aber wer? Die Schwestern auf Edies Station hatten nicht angerufen. Sie hatten Edie schon jemanden mitgeschickt und wußten auch nicht, daß Dan in dem Gebäude auf der anderen Seite noch arbeitete. Die Schwester auf Dans Station kannte Edie nicht und wußte auch nichts von einer Neuaufnahme. Als das Telefon klingelte, war sie gerade in einem sonst leeren Kämmerchen und füllte dort Medikamente in Becher.

Wer hatte Dan in die Gefahrenzone bestellt? Niemand hat es je herausgefunden.

EIN WEIHNACHTSBOTE

Engel erscheinen vielleicht nicht immer, wenn man sie ruft, aber sie erscheinen, wenn man sie braucht.

KAREN GOLDMAN,
»WENN FLÜGEL DICH BERÜHREN.
DAS KLEINE ENGEL-BREVIER«

Anfang 1970 kaufte eine Gemeinde in Rockford in Illinois Land. Es sollte eine Kirche gebaut und eine christliche Radiostation eingerichtet werden. Sie bauten ein kleines Haus, mit dem der Sender vorübergehend vorlieb nehmen mußte – falls er je ans Netz ging.

Den Sender aus der Taufe zu heben erforderte genau die richtige Person. Das wußte Pfarrer Don Lyons – jemand, der die geistlichen Ansichten der Gemeinde teilte, aber Berufserfahrung in den Medien hatte. Er betete von Zeit zu Zeit und hatte immer wieder einen Namen vor Augen, Tietsort. Es war ein ungewöhnlicher Name – er hatte diesen Namen noch nie gehört –, und er tat es als Einbildung ab.

Eines Tages fand in Rockfort ein Kongreß statt, und Geistliche aus dem ganzen Staat wurden eingeladen. Pfarrer Lyons begrüßte die Gäste, als ein junger Mann auf ihn zutrat und sich vorstellte. Als der Pfarrer das Namensschild sah, blieb ihm der Mund offenstehen. Der junge Mann hieß Ron Tietsort. Ron war nicht nur Pfarrer, sondern er hatte auch kirchliche Radio- und Fernsehsendungen in Sioux City in Iowa moderiert. Bald darauf nahm Ron die Stelle als Leiter des Senders an, und seine Familie zog nach Rockfort.

Der Sender WQFL fing an zu senden. Aber es war ein ständiger Kampf um Geldmittel, und Ron fiel es schwer, die monatlichen Rechnungen zu begleichen. Da der Sender ein spirituelles Wagnis war, strahlte er wenig Werbung aus, wenigstens anfangs.

»Wir wollten auf unseren Herrn warten«, erklärte Ron. »Wir glaubten, daß Er dieses Projekt segnete, Er würde uns durch Spenden finanzieren.«

Ron erfüllte die Pflichten eines Managers und stellte eine kleine Belegschaft ein, und Millie arbeitete halbtags als Rezeptionistin, Buchhalterin und Programmleiterin. »Wir hatten alle die verschiedensten Berufe«, sagt sie, »aber wir liebten die Arbeit.«

Der Winter rückte näher, und Ron und Millie mußten der Wahrheit ins Auge blicken. Trotz aller Aufopferung war WQFL in finanziellen Schwierigkeiten. Die Zuhörerschaft wuchs ohne Zweifel, und auch die Spenden flossen, aber die Einnahmen konnten mit den Ausgaben nicht Schritt halten. Jeden Monat gerieten sie ein bißchen mehr ins Hintertreffen, und als Millie eines Nachmittags die Bücher durchsah, mußte sie zu einem düstern Schluß kommen. Um weitermachen zu können, brauchte WQFL über dreitausend Dollar – und das sofort.

Es hätten genausogut drei Millionen sein können. Millie saß in ihrem Stuhl an der Rezeption neben dem kleinen Fenster und blickte auf den frischen Schnee auf den Feldern – und ihr kamen die Tränen. Weihnachten stand vor der Tür, aber für sie und Ron schien es eher ein Ende zu markieren als einen hoffnungsvollen Neuanfang. All die harte Arbeit, die Träume, die die Gemeinde mit ihnen teilte – alles schien in einem Meer von Schulden unterzugehen.

Gott, betete Millie, *wir haben wirklich gedacht, daß Du willst, daß dieser Sender Erfolg hat. Haben wir Dich mißverstan-*

den? Bitte, sag uns, was wir jetzt tun sollen. Es blieb still, und die Stille schien durch das reine Weiß draußen noch verstärkt zu werden. Den ganzen Tag lang war niemand vorbeigekommen. Wie sie sich jetzt Gesellschaft wünschte, einen freundlichen Nachbarn, der sie tröstete, selbst irgendein Lieferant, der ein bißchen Weihnachtsstimmung in den kleinen Raum gebracht hätte, wäre ihr nun willkommen gewesen.

Wie als Antwort auf ihre Bitte ging die Eingangstür auf. Ein Mann mittleren Alters kam herein. Er hatte einen Umschlag unter dem Arm. Millie war überrascht. Sie hatte kein Auto gehört, keine Schritte auf der Veranda, so wie sonst. Aber vielleicht hatte der Schnee die Geräusche verschluckt. Sie lächelte. Sie kannte inzwischen viele Leute aus der Stadt, aber ihn hatte sie noch nie gesehen.

Der Mann reichte ihr den Umschlag. »Geben Sie das bitte Ron«, sagte er. »Das ist für den Sender.«

»Das ist sehr lieb von Ihnen«, sagte sie. »Möchten Sie mit Ron sprechen? Ich rufe ihn.«

»Das ist nicht notwendig«, erwiderte der Mann.

Es war nichts Außergewöhnliches, daß Leute mit Spenden vorbeikamen – in gewisser Hinsicht gehörte der Sender jedem in der Stadt. Aber gewöhnlich blieben die Spender eine Weile, um zu plaudern. Der brüske Mann wandte sich ab, obwohl er doch sicherlich eine Quittung für die Steuer brauchte. »Eine Sekunde, und ich –« fing Millie an, aber der Fremde schloß bereits die Tür hinter sich.

Merkwürdig, dachte sie wieder.

Sie ging zu Ron, er saß an seinem Schreibtisch, und gab ihm den Umschlag. Geistesabwesend riß er den Umschlag auf und hielt den Atem an. »Millie, sieh dir das an!«

Geld. Etwas über dreitausend Dollar.

Ron sprang aus seinem Stuhl und eilte zur Eingangstür. Wer gab ihnen so viel Geld – und ohne Quittung? Es mußte ein Irrtum sein, vielleicht waren es vertauschte Umschläge. Der Fremde würde am Boden zerstört sein, wenn er den Irrtum bemerkte. Ron riß die Tür auf und wollte den Mann zurückrufen.

Aber vor dem kleinen Haus parkte kein Auto, und in der Einfahrt waren nicht einmal Reifenspuren zu sehen. Rons verblüffter Blick fiel auf die Veranda, auf die Stufen, den Weg. Er hatte noch keinen Schnee geschaufelt, und nicht eine Spur störte den weißen Teppich. Unangetastet lag er auf der Landschaft, so weit Rons Auge reichte.

Heute gehört WQFL und der Schwesternsender WGSL der *Ersten Kirche Gottes* in Rockfort, und für Millie und Ron sind die Träume wahr geworden. Aber manchmal, besonders um die Weihnachtszeit, hören sie das Gewisper von Flügeln, und die Erinnerung holt sie wieder ein.

Buch drei

WUNDER AUS DEM JENSEITS

WENN MENSCHEN WIEDERKEHREN

Ich habe immer geglaubt, mein verstorbener Mann sei mein »Engel« und daß er immer bei mir sei, um mich zu beschützen. Und nun weiß ich, daß mein Mann und mein Schutzengel zusammenarbeiten.

IRIS CALOGERO AUS SLIDELL, LOUISIANA

Bei der Beisetzung ihres Mannes zog Mary aus einem Impuls heraus eine rosa Nelke aus einem Bouquet und legte sie auf den Sarg. Wochen später, als sie eine schneebedeckte Straße entlanglief, wurde sie plötzlich unsagbar traurig. »Ach, Tom«, murmelte sie, »wenn ich doch nur wüßte, daß du in Gottes Händen bist.«

Plötzlich hielt Mary inne. Auf dem vereisten Gehweg, direkt vor ihr, lag eine rosa Nelke.

Jim hatte schon immer davon geträumt, eine monatlich erscheinende Zeitschrift herauszugeben. Als die erste Ausgabe in Druck ging, mußte er an seinen Vater denken, der vor einigen Jahren verstorben war. Er wünschte sich, er könnte seine Pläne mit seinem Vater besprechen.

Plötzlich sah er jemanden aus dem Augenwinkel; ein Mann in einem karierten Holzfällerhemd von der Sorte, wie sie sein Vater gemocht hatte, schien schräg hinter ihm zu stehen. Jim blieb ganz ruhig, aber als er sich umdrehte, verschwand die Person.

In den folgenden Monaten erschien der Mann in dem karierten Hemd immer wieder an den Abenden, an denen Jim seine Zeitschrift druckte – und jedesmal stellte er sich so, daß

Jim ihn nicht ganz sehen konnte. Die Auflage stieg, und Jim war zuversichtlich. Eines Abends jedoch startete er die Druckerpresse und merkte, daß er alleine war. Jim hatte verstanden. Zu Beginn seines Wagnisses hatte er sich die moralische Unterstützung seines Vaters gewünscht, und Gott hatte sein Gebet erhört.

Sind diese Engel religiöse Erweckungen? Viele Menschen schreiben, daß ein Angehöriger ihnen nach seinem Tod so nahe gewesen sei, daß »er mein Schutzengel wurde«. Werden Menschen nach ihrem Tod zu Engeln?

Es weist in der Heiligen Schrift nichts darauf hin, daß Menschen je zu Engeln werden, im Gegensatz zu populären Filmen und Romanen. Jesus beschrieb jene, die den Himmel betreten, als Wesen, »die den Engeln gleich sind« (Lukas 20,36), nicht aber in der Tat Engel sind. Auch sind Engel nie Menschen gewesen, obwohl sie von Zeit zu Zeit vielleicht menschliches Aussehen annehmen. Engel und Menschen sind sich ergänzende Geschöpfe, ein jedes einzigartig, mit eigenen Besonderheiten. Obwohl sich die beiden sicherlich gegenseitig beeinflussen, vertauschen sie nicht ihre Rollen.

Heißt das, daß Visionen oder Berührungen von geliebten Menschen, die gestorben sind, nichts weiter sind als Einbildung oder Wunschdenken? Ganz und gar nicht. In der katholischen Tradition passieren diese Dinge immerzu, und zwar in Form offiziell anerkannter Heiliger. Für Katholiken sind Heilige so etwas wie eine Tante oder ein Onkel, ein älteres, weiseres Familienmitglied, das einen guten Rat erteilen und in bestimmte Geschehnisse eingreifen kann. Manche Heilige sind für bestimmte Taten bekannt, und die Liste wird dank der Heiligsprechungen immer länger. Jedoch glauben Katholiken und die meisten anderen Christen, daß im Himmel jeder heilig und unverletzlich ist. Ist es dann nicht selbstverständlich, daß geliebte Personen auch im Paradies wachsam sind und eingreifen, wenn sie schon auf der Erde für uns gebetet haben? Und würden wir nicht von Zeit zu Zeit ihre Gegenwart spüren? Solche Begegnungen finden wahrscheinlich häufiger statt, als wir uns vorstellen. Im Jahre 1973 stellte das Meinungsforschungsinstitut der Universität von Chicago folgende Frage: »Haben Sie je das Gefühl gehabt, Sie stünden in Kontakt mit einer verstorbenen Person?«

Überraschenderweise beantworteten 27 Prozent der Befragten diese Frage mit »Ja«. Als auch Witwen und Witwer in die Befragung einbezogen wurden, wuchs die Zahl auf 51 Prozent. Im Jahre 1984 wurde die Umfrage wiederholt, und 38 Prozent der befragten Teenager beschrieben solche Erlebnisse. »Diejenigen, die an ein Leben nach dem Tod glauben, die regelmäßig beten und in Gott mehr sehen als einen Richter«, bei denen ist die Wahrscheinlichkeit am größten, solche Begegnungen zu haben, sagt Vater Andrew Greeley in einem Artikel über diese Angaben.

Zusätzlich haben mehr als fünf Millionen Amerikaner, die ein Sterbeerlebnis gehabt zu haben glauben, behauptet, daß sie verstorbene Verwandte oder Freunde gesehen haben und das wunderbare Wesen des Lichts. Obwohl wir, wenn wir an das Paradies denken, den Ort »da oben« meinen, könnte es alles in allem so nah sein wie unser Herzschlag. »Das Reich Gottes ist inwendig in euch«, sagt Jesus (Lukas 17,21). Warum sollten also diejenigen, die dieses Reich betreten haben, uns nicht ebenso nah sein wie Gott?

Wir müssen jedoch bedenken, daß es zwischen einem *spontanen* und unerwarteten Kontakt mit jemandem im Himmel (so wie die Transfiguration) und Versuchen, »Geister« mittels Seancen, Ouija und anderen dunklen Praktiken »heraufzubeschwören«, eine klare Trennlinie gibt. »Die Bibel warnt deutlich davor, durch ein Medium Kontakt mit einem Toten aufzunehmen«, sagt H. C. Moolenburgh, ein holländischer Arzt und der Autor von »Meeting with Angels«.

»Wunder haben einen göttlichen Zweck«, fügt Vater Robert DeGrandis hinzu. »Getrennt von Gott Einfluß zu nehmen kann eine Person zu okkulten Handlungen verführen, und das ist gefährlich.«

Gott weiß um unseren Kummer und unsere Einsamkeit und wie sehr wir uns nach der Gewißheit sehnen, daß sich unsere Lieben in seiner Obhut befinden. Solange wir seinen Willen und Zeitpunkt akzeptieren, wird er uns vielleicht Trost schicken, wenn wir ihn brauchen, und zwar von denen, die jenseits des Schleiers leben, im ewigen Licht.

EIN REGENBOGEN VON ANDY

Behalte ihn in Erinnerung, wie er war,
sage ich
Er ist nicht tot; er ist nur – fort.

JAMES WHITCOMB RILEY,
»HE IS NOT DEAD«

Als der elfjährige Andy Brenner aus einem Sanatorium für krebskranke Kinder nach Hause zurückkehrte, brachte er seiner Mutter Linda einen Fensterschmuck mit. Es war ein Plastikregenbogen, eins ihrer Lieblingssymbole. Aber Linda beachtete das Geschenk gar nicht richtig. Ein Krankenhaus in Wisconsin hatte sie gerade davon in Kenntnis gesetzt, daß ihr Sohn ein Kandidat für eine Knochenmarkstransplantation sei, und sie wollte schnell packen. Sie hatte keine Ahnung, wie lange sie bleiben würden, aber je früher sie ihren Sohn auf den Weg der Hoffnung brachte, desto besser.

In Wisconsin mietete Linda eine kleine Wohnung. Die meiste Zeit verbrachte sie jedoch im Krankenhaus, erst, um Andy Mut zu machen, dann, um ängstlich neben seinem Bett zu sitzen. Sie betete, er möge gesund werden, wie sie es seit dem Beginn seiner Krankheit tat. Aber Gott, der Gott ihrer Kindheit, schwieg. Die Transplantation verlief zwar erfolgreich, aber die Chemotherapie und Bestrahlung hatten Andy mitgenommen. Er schien weiter zu entgleiten.

Eines Morgens schlenderte Linda durch die Geschenkläden im Krankenhaus. Sie wollte Andy unbedingt etwas schenken, was ihn von seinen Schmerzen ablenken würde, und sie entdeckte ein Prisma.

»Hier, ein Regenbogenmacher, Andy«, sagte sie. »Jetzt kannst du mir einen machen!«

Schwach sah Andy sich das Prisma an. »Mir ist nicht danach, Mom«, sagte er und ließ es fallen.

»Natürlich ist dir danach, Andy.« Linda gab nicht auf. »Komm. Halte es in die Sonne und mach mir einen Regenbogen, bitte.« Andys Augen waren halb geschlossen. »Mom«, murmelte er, »eines Tages mache ich dir einen Regenbogen, wie du noch nie einen gesehen hast.«

»Wunderbar, Liebling!« Linda versuchte, begeistert zu klingen, aber Andy war schon eingeschlafen.

Die Tage zogen sich hin, und Andy wurde immer dünner. Er war an einen Respirator angeschlossen. Gegen Ende der siebten Woche im Krankenhaus fiel er in ein Koma und wurde auf die Intensivstation verlegt. Linda rief einige Familienmitglieder an und bat sie, nach Wisconsin zu kommen. Es wurde Zeit.

Eine Woche lang lag Andy im Koma, aber Linda war pausenlos bei ihm und hoffte immer noch auf ein Wunder. »Gott, mach ihn gesund«, betete sie. »Ich werde alles tun … alles, was Du willst.« Aber Gott schien anderswo zu sein.

Am 31. August, kurz vor Morgengrauen, wurde Andys Atem unregelmäßig. Einer seiner Ärzte war gekommen und sprach mit Linda. »Wenn Sie zustimmen, können wir Andys Sauerstoffapparat abstellen.«

Nein! Linda wußte, Andy hatte Hirnblutungen gehabt und daß das Kind, das sie kannte, für immer fort war. Aber wenn Gott jetzt gleich ein Wunder geschehen ließ, wenn Er das Leben ihres Sohnes verschonte, nähme sie Andy in jedem Zustand zurück. *Gott, bitte!* Aber Gott antwortete nicht.

Im Zimmer war es dunkel. Zum ersten Mal, seit Andy ins

Koma gefallen war, machte Linda die Jalousien auf, um das Licht von draußen hereinzulassen. »Ich möchte die Sonne aufgehen sehen«, sagte sie zu dem Arzt und zu ihrer Familie. Als sie die Jalousien geöffnet hatte, sah sie am Fenster den gleichen Regenbogenmacher, den Andy ihr aus dem Sanatorium mitgebracht hatte. Ach, es war ein so hoffnungsvoller Tag gewesen, die Transplantation – und die mögliche Genesung –, sie waren zum Greifen nahe gewesen!

Aber der Traum war vorbei. Jetzt saß sie auf dem Stuhl neben jenem Bett, auf dem sie schon eine endlos scheinende Woche gesessen hatte, und nahm ihren zerbrechlichen Sohn in den Arm. »Kämpfe, Andy!« Tränenüberströmt umarmte sie ihn und flüsterte ins Halbdunkel. »Du hast lange genug gekämpft. Jetzt ist es an der Zeit, daß wir alle dich gehen lassen. Geh nach Hause, Liebling. Geh nach Hause.«

Nachdem die Schläuche entfernt worden waren, atmete Andy noch einen Moment lang weiter. Ein Atemzug, zwei ... und dann war es still. Linda hatte das Gefühl, sich übergeben zu müssen. *Jetzt gehört er Dir, Gott*, dachte sie.

Plötzlich jedoch trafen die ersten Sonnenstrahlen das Ornament am Fenster. Und in einer wundervollen Farbexplosion vervielfachte sich der Plastikregenbogen, es entstanden vier, acht, dann dreißig Regenbögen, die das Zimmer mit Brillanz und Leben erfüllten. Wie eine freudige Explosion tanzten die Bögen, hüpften, tauchten durch die Plastikschläuche, wirbelten über die Laken in einem Kaleidoskop von Rot, Blau und Grün, als hätte Gott eine Million Prismen geschickt, um Seine Strahlen zu vergrößern. Es war ... ein Regenbogen, wie Linda ihn noch nie zuvor gesehen hatte.

»In diesem Augenblick«, sagt sie heute, »habe ich mich von Andy verabschiedet und Gott begrüßt, vielleicht zum ersten Mal. Er ist nicht nur jemand aus einem Buch, oder jemand, von dem mir meine Eltern erzählt hatten. Jetzt gehörte Er mir.

Er hatte Andy an einen schöneren Ort mitgenommen und Er würde für immer bei mir sein. Er hatte es mir gerade gesagt.«

Ein paar Wochen später stieß Linda, als sie Andys Schubladen ausräumte, auf ein kleines Adreßbüchlein mit einer Liste von anderen Kindern aus dem Sanatorium. Linda erinnerte sich daran, wie gerne Andy Post bekam, als er krank war, und stand eine Weile mit dem Büchlein in der Hand da. Was, wenn sie jedem Kind einen aufmunternden Brief schrieb, eine Art Vermächtnis von Andy? Sie dachte noch am nächsten Tag darüber nach, als sie eine farbenfrohe Beileidskarte von einem Freund bekam. Er begann mit der Zeile *Ich lade dich ein, meinen Regenbogen mit mir zu teilen.*

Linda sah Andys farbenprächtigen Weg in den Himmel vor sich. Sie nahm ein Blatt Papier und fing an zu schreiben.

Heute erreicht *Love Letters* jeden Monat über eintausend unheilbar kranke Kinder mit Karten, kleinen Spielzeugen und mit Liebe, ganz besonders Liebe, von Linda, den Freunden, die ihr helfen … und von Andy, mit dessen Regenbogen alles begann.

AUS DER FINSTERNIS INS LICHT

Das, was du im Licht lernst, führt dich durch die Finsternis.

HOPE MACDONALD,
»ENGEL IN AKTION«

Im November 1991 erlitt Paula Trapalis Vater einen Herzinfarkt. Für die Familie war es eine furchtbare Zeit, aber er schien sich zu wiederholen. Im Juni zeigte er verdächtige neue Symptome und mußte ins Krankenhaus. In der Nacht vor den Tests hatte Paula ein, wie sie es beschreibt, »traumähnliches Erlebnis. Ich weiß, daß es nicht wirklich ein Traum war, aber ich habe ein Licht gesehen, und es machte mich sehr traurig.« Sie hörte keine Worte, hatte keine Vision. Paula spürte lediglich, daß etwas Furchtbares passieren würde.

Die Tests fielen nicht gut aus. Paulas Vater hatte Krebs. In den Monaten seiner Behandlung vermied Paula es, an das sonderbare Licht zu denken. Wenn es eine Botschaft war, dann war es nicht die, die sie hören wollte.

Paula hatte auch Bedenken, weil sie am Samstag, dem 22. August 1992, heiraten wollte. Ihr Vater liebte ihren Verlobten Tony und hatte sich auf die Hochzeit gefreut. »Dad, du mußt rechtzeitig gesund werden«, zog Paula ihren Vater auf, »denn wenn du mich nicht zum Altar führst, dann werde ich nicht gehen.«

Ihr Vater witzelte zurück, doch am Montag, es war der 17. August, starb er.

Paula litt Seelenqualen. Nicht nur, daß sie ihren Vater verloren hatte, dieses außergewöhnliche Timing hatte auch alles noch viel schlimmer gemacht. Mittwoch nach der Beerdigung fiel sie erschöpft und aufgewühlt ins Bett. Sie konnte Tony am Samstag auf keinen Fall heiraten. Sie mußte die Hochzeit absagen.

Paula hatte mehrere Stunden unruhig geschlafen, als sie plötzlich aufwachte. Da war wieder das Licht. »Es war heller als die Sonne, es kam von der Decke und durchflutete das Zimmer von oben bis unten«, sagt Paula. Aber statt Trauer fühlte sie eine unbeschreibliche Freude. Das Licht erfüllte sie, umhüllte sie mit Trost und Vergewisserung und beruhigte sie, während sie zusah, es begrüßte, sich darin *sonnte.* »Es war eine Botschaft, jedoch nicht in Worten, daß ich weitermachen sollte und daß alles in Ordnung sein würde.«

Das nächste, an das sie sich erinnern kann, war ihr Hund und wie er in das Zimmer sprang und das Licht verlosch. »Der Hund zitterte und hatte Angst. So benahm er sich sonst nur bei einem Unwetter«, sagt Paula. Aber es war eine klare Nacht. Wie lange war das Licht bei ihr gewesen? Paula hatte keine Ahnung, ob eine Minute oder mehrere Stunden vergangen waren. Aber nun schlief sie ruhig, und am nächsten Tag erzählte sie ihrer Mutter, was geschehen war.

»Sonderbar ...«, murmelte Paulas Mutter.

»Warum, Mama?«

»Weil – ich weiß, das klingt verrückt –, aber letzte Nacht, als ich im Bett lag, spürte ich eine Hand auf meiner Schulter.« Wie Paula war auch ihre Mutter von Seligkeit erfüllt. Paula war an ihrem Hochzeitstag fröhlich. Fröhlich und verwundert. Wie konnte sie sich so fühlen, fragte sie sich, wenn nur fünf Tage zuvor ihre ganze Welt eingestürzt war? Und dennoch war sie glücklich. Es war, als wäre ihr Vater noch bei ihr, als gebe er ihr Halt und erfülle sie mit ... Licht. Paula hat oft darum gebetet, daß das Licht wiederkommen möge, aber sie vermutet, daß es das nicht tun wird, wenigstens nicht in der nächsten Zeit. Sie weiß nach wie vor nicht genau, was das Licht wirklich war. War es ihr Vater? Ein Engel? Was auch immer es war, Paula ist sich sicher, daß es eine Botschaft des Himmels war, die genau in dem Moment geschickt wurde, als sie, Tony und ihre Familie sie am nötigsten brauchten. »Sogar heute spüre ich den inneren Frieden und die Fähigkeit, ›stark zu bleiben‹, obwohl ich Dad fürchterlich vermisse«, sagt sie. »Ich glaube, um uns herum gibt es überall Zeichen wie diese. Man muß sie nur als das akzeptieren, was sie wirklich sind.«

ZWISCHEN HIMMEL UND ERDE

Obwohl die Entfernung zwischen Himmel und Erde einer Reise von fünfhundert Jahren gleicht, wenn jemand ein Gebet flüstert, ist Gott immer da, um es zu hören.

BIBLISCHER KOMMENTAR VON RABBAH,
EINEM JÜDISCHEN WEISEN

Als jüngste von drei Mädchen hatte Chris Costello aus Burbank, California, immer versucht, mit ihrer zweitältesten Schwester Carol mitzuhalten. Zwischen den beiden herrschten oft Rivalitäten. »Es gab diese langen und schmerzvollen Zeiten, in denen Carol und ich nicht miteinander sprachen. Statt dessen bat jede von uns die älteste Schwester um Rat und Beistand«, erinnert sich Chris. Beide Mädchen verband die Musik, und jede arbeitete eine Zeitlang als professionelle Sängerin.

1987 erreichten Chris und Carol einen Wendepunkt, und alte Konflikte hatten kein Gewicht mehr. »Eines Nachts saßen wir einfach nur zusammen und redeten«, erinnert sich Christ. »Zum ersten Mal waren wir in der Lage, uns anzusehen und uns unsere Liebe zu zeigen.« Es war ein Abend der Versöhnung. Und gerade noch zur rechten Zeit, denn drei Monate später starb Carol an einem Aneurisma im Gehirn.

In den Tagen nach der Beerdigung konnte Chris nichts in ihrem Schmerz trösten, und sie wurde noch trauriger, wenn sie daran dachte, wieviel wertvolle Zeit Carol und sie verschenkt hatten. »Ich lief umher wie ein Zombie«, sagt sie. »Ich wollte nur eins wissen, und zwar, ob es Carol gutging.«

Einmal schien sie der Duft von Carols Parfum zu umgeben. Ein anderes Mal hatte sie einen Traum, in dem Carol erschien, lächelnd und glücklich, und Chris sagte, daß sie sie liebte. Diese kleinen Zeichen beruhigten Chris. Aber bedeuteten sie etwas?

Über einen Monat später war Chris immer noch niedergeschmettert. Eines Nachts, sie lag schon im Bett, murmelte sie wieder und wieder: »Bitte, Carol, gib mir ein Zeichen, daß es dir gutgeht.«

Plötzlich sah Chris ein helles Licht. Sie schloß ihre Augen und legte ihre Hände vor die Augen. Aber das Licht wurde heller, schien durch ihre Hand hindurch, durchdrang ihre Lider und umschloß sie mit seinem Glanz.

Chris hatte Angst. »Im stillen bat ich, es solle fortgehen, was auch immer es war – ich wollte meine Augen nicht aufmachen und irgendeine Erscheinung sehen«, sagt sie. Auf ihre Bitte hin verblaßte das Licht langsam, und alles war wieder normal. Aber dann schämte sich Chris. Sie hatte Carol um ein Zeichen gebeten und sich dann geweigert, es anzuerkennen. Hatte Gott diesen ungewöhnlichen Glanz geschickt, um sie wissen zu lassen, daß es ihrer Schwester gutging?

Ein paar Nächte darauf wachte Chris wieder auf – Punkt drei Uhr zwanzig. Wunderschöne himmlische Musik erfüllte ihr dunkles Zimmer. Die Musik war unbeschreiblich, und es waren Instrumente, »die ich noch nie in meinem Leben gehört hatte und auch nicht beschreiben könnte, obwohl ich mich mit Musik auskenne«, sagt sie. »Ich bezweifle sogar, daß irgend jemand diese Musik mit all den hochtechnischen Geräten in Aufnahmestudios nachahmen könnte.« Chris hörte zu, bezaubert und zu Tränen gerührt. War das Carol, die mit ihr über Musik Verbindung aufnahm?

Am nächsten Morgen rief Chris' älteste Schwester an. »Chris, letzte Nacht hatte ich das Gefühl, daß Carol um mich herum war«, sagte sie. »Sie war da – es geht ihr gut –, ich weiß es!«

»Wann ist das passiert?« fragte Chris.

»Punkt drei Uhr zwanzig.«

Chris merkte, wie die Trauer von ihr abfiel und sie von einem neugefundenen Frieden abgelöst wurde. Carol sang wirklich mit den Engeln und hatte ihr eine Kostprobe der unsichtbaren Wunder geschickt.

Gibt es so etwas wie himmlische Musik? Betty Malz, die Autorin von *Angels Watching Over Me* besitzt eine Kassette von einer kleinen Gemeinde in London. Sie singen ein »Halleluja«. Als sie das Lied sangen, merkten sie, daß der Stimmumfang größer wurde. Sie wurden von einem enormen unsichtbaren Chor begleitet! Als sie die Kassette noch einmal abgespielt haben, merkte ein Musiklehrer, daß die höchsten Noten fast drei Oktaven höher waren als das mittlere C, weit außerhalb des menschlichen Stimmvermögens.

Die Evangelisten Charles und Frances Hunter wurden Zeugen eines ähnlichen Vorfalls, während sie einen Gottesdienst in Austin, Texas, dirigierten. Sie hatten den Vorbeter gerade gebeten, mit der riesigen Gemeinde ein Lied anzustimmen, als sie aus der Richtung des leeren Pianostuhls etwas hörten, das wie ein Orchester mit einer Besetzung von tausend Mann klang, die ihre Instrumente stimmten. Es wurde immer lauter, und als der Vorbeter anfing zu singen, begleitete ihn das Orchester. »Was für ein wundervolles Erlebnis es für uns und ihn war. Wir hörten die Musik von eintausend Engeln!« erklärte Charles.

Viele Leser erzählten mir, sie hätten unerwartet unerklärliche Musik gehört, besonders in Zeiten der Trauer. Aber meistens schwiegen sie darüber, weil sie Angst hatten, andere hielten es für Halluzinationen. Michelle Crossley hat jedoch nicht gezögert zu erzählen, was sie erlebt hat:

Eines Morgens um drei klingelte Michelles Telefon. Es war die Schwester ihres Mannes. Sie hatte schlechte Nachrichten. »Eure Mutter?« fragte Michelle gleich. Tims Mutter war krank gewesen.

»Nein – Brian, unser Cousin«, sagte Michelles Schwägerin. »Michelle, er ist tot. Er hat heute abend mit seiner Band geprobt – und ist einfach umgefallen.«

Tims Cousin Brian! Er war doch ihr guter Freund und Verwandter, und er war erst dreiundzwanzig Jahre alt, nur ein Jahr jünger als sie. Völlig schockiert gab sie den Hörer ihrem Mann. Dann ging sie ins Wohnzimmer und weinte. Tim kam nach und weinte auch.

Michelle nahm die Bibel zur Hand und las aus der Ekklesiastes vor. »Ein jeglicher hat seine Zeit, und alles Vornehmen hat eine Stunde. Geboren werden und sterben ...« Die Worte schienen Tim etwas zu trösten. Michelle beruhigte sich auch. Brian – sie würden ihn nie wiedersehen, nicht hier auf der Erde jedenfalls. Sie konnte es nicht fassen.

Dann kam ihr ein anderer Gedanke. War Brian im Himmel? »Plötzlich war es das einzige, was ich wissen wollte«, sagte Michelle. »Ich wollte wissen, wo er jetzt war. Um ehrlich zu sein, ich konnte es nicht ertragen, es nicht zu wissen.«

Sie zögerte, es ihrem trauernden Mann zu sagen, und so war ihr Gebet ein stilles Gebet. *Gott, bitte sag mir, wo Brian ist. Bitte, gib mir ein Zeichen. Bitte, bitte ...*

Minuten vergingen. Michelle betete weiter, und irgendwann stand Tim auf. Er wollte nach ihren drei kleinen Kindern sehen. Sobald er das Zimmer verlassen hatte, passierte es. »Ich hörte einen wunderschönen Gesang, Musik aus einer anderen Sphäre«, sagt Michelle. »Ich kannte das Lied – wir singen es in der Calvary Kirche, und es heißt ›A *Shield About Me*.‹« Die Stimmen sangen es aufs Wort genau. Und die Fülle, der

Stimmumfang. »Es war großartig. Engel waren gekommen, um mir zu sagen, daß Brian zu Hause war.«

Die Musik brach für einige Minuten ab und wurde dann immer leiser. Michelle überkamen eine ungemeine Ruhe, Liebe und Vertrauen. »Ach, Tim!« flüsterte sie, als er zurückkam. »Stell dir vor, was passiert ist.«

Voller Ehrfurcht hörte Tim zu und fing wieder an zu weinen, diesmal jedoch, weil er erleichtert war.

Später konnte das junge Paar die ganze Familie trösten und versicherte ihnen, daß Brian im Himmel war. »Gott hat mich schon auf so viele verschiedene Weisen berührt«, sagt Michelle. »Ich kann es gar nicht erwarten, Jesus zu begegnen und die Engel wieder singen zu hören.«

Licht und Musik sind nicht die einzigen Wege, auf denen uns Gott in Zeiten der Trauer Trost schickt. Mehrere Menschen erzählten Geschichten von unerklärlichen Gerüchen, meistens Blumen, aber auch Parfum. »Ich dachte, der Duft von Veilchen im Inneren des Wagens müsse durch den Ventilator von draußen kommen«, schrieb ein Teenager. Er beschrieb die Fahrt zurück nach Hause von der Beerdigung seiner Großmutter. »Aber als ich das Fenster herunterkurbelte, roch ich nur Diesel. Großmama liebte Veilchen, und ich wußte, daß sie es war und daß sie mir Auf Wiedersehen sagte.«

Auch eine Berührung kann ein Trost sein. Rudolph Frenos Mutter, eine freundliche, lebhafte Frau, hatte die Angewohnheit gehabt, ihre Hand auf die rechte Schulter der Person zu legen, mit der sie sprach. Eines Morgens, mehrere Monate nach ihrem Tod, spürte Rudolph beim Rasieren die vertraute, liebkosende Berührung auf seiner rechten Schulter. »Ich blickte in den Spiegel, aber hinter mir war nichts zu sehen«, sagte er. Er fühlte sich so mit Tatkraft erfüllt und dankte Gott, aber er traute sich nicht, es irgend jemandem zu erzählen. Einige

Wochen später besuchte Rudolph seine sehr pragmatisch veranlagte Schwester.

»Rudy«, fing sie zögernd an, »weißt du noch, wie Mama immer ihre Hand auf unsere rechte Schulter legte, wenn sie mit uns sprach?«

»Ja.« Rudolph wußte, was jetzt folgen würde.

»Rudy, letzte Nacht spürte ich Mamas Hand auf meiner Schulter! Ich weiß, sie hat mich besucht, um mir zu sagen, daß alles in Ordnung ist.«

Und manchmal kommt die Berührung auch von jemand anderem. Am Ostersonntag hörte Joan Danbury aus Iowa ihre siebzehn Monate alte Tochter, die gerade einen Mittagsschlaf hielt, plötzlich laut aufschreien. »Daddy! Daddy!« Dann war sie wieder still. Joan dachte, daß das Baby schlecht träumte. Kurz danach überbrachten ihr Familienmitglieder schreckliche Neuigkeiten. Ihr Mann war bei einem Autounfall ums Leben gekommen.

»Ich fragte mich, ob Dave uns vielleicht durch Carol Auf Wiedersehen gesagt hat«, sagt Joan. Sie dachte in den folgenden Monaten viel darüber nach.

Am Morgen des Heiligabend ging Joan mit den Kindern in die Kirche. Sie war einsam und unglücklich. Die zweijährige Carol saß neben ihr und war mit ihrem Spielzeug beschäftigt. Joan dachte an ihren Mann und an die scheinbar endlosen Jahre der Einsamkeit, die vor ihr lagen. Könnte sie doch nur noch einmal seine Gegenwart spüren … *Oh Dave*, flüsterte sie, *ich könnte eine Umarmung wirklich gut gebrauchen.*

Im selben Augenblick ließ Carol von ihrem Spielzeug ab. Als folge sie einer inneren Aufforderung, drehte sie sich um, streckte die Arme aus und umarmte Joan. Dann spielte sie weiter.

Joan liefen die Tränen übers Gesicht, weil sie sich über etwas klar wurde. Die Schwierigkeiten des Lebens würden nicht aufhören. Aber auch Dave würde sie nicht verlassen. Gott sorgte dafür, daß er an ihrer Seite war, bis sie sich in ihrem ewigen Zuhause wiedertreffen würden.

EIN LETZTER ABSCHIED

»Ich bin die Kinderzimmerfee«, sagte sie. »Ich kümmere mich um all die Spielsachen, die Kinder einmal liebgehabt haben. Wenn sie alt und abgenutzt sind ... dann komme ich, nehme sie mit und mache sie lebendig.«

MARGERY WILLIAMS,
»THE VELVETEEN RABBIT«

Die Geburt von Ashley sorgte bei der Familie Stuteville für besonders große Freude, denn Ashley war Mary Stutvilles erste Urenkelin, und Mary war hocherfreut, für eine neue Generation »Omi« zu sein.

Ashleys Vater Scott ist Korvettenkapitän bei der Kriegsmarine. Aus diesem Grunde zogen er, seine Frau Jill und ihre kleine Tochter oft um, und Mary sah Ashley nicht so häufig, wie sie es sich gewünscht hätte.

»Aber wir fuhren sooft wie möglich nach Austin, Texas, wo Nonny mit Scotts Eltern lebte. Wir schickten regelmäßig Fotos und Briefe«, sagt Jill. Nonny und Ashley telefonierten von Zeit zu Zeit miteinander. Sie hatten eine besonders enge Beziehung.

Die Waddles lebten in Connecticut, als sie erfuhren, daß Nonny mit einem Magengeschwür im Krankenhaus lag. Sie machten sich Sorgen, waren sich aber sicher, daß sie wieder gesund werden würde. Doch ihr Zustand verschlechterte sich. Eines Abends, Scott und Jill hatten Ashley gerade zu Bett gebracht, machten sie es sich im Wohnzimmer im Untergeschoß gemütlich. Sie wollten fernsehen. Später rief Scotts Mutter an und teilte ihnen mit, daß seine Großmutter gestorben sei.

»Es ist merkwürdig, aber Großmutters letzte Gedanken scheinen sich um Ashley gedreht zu haben«, sagte die Mutter zu Scott. »In den letzten Tagen hat deine Großmutter nur davon gesprochen, wie süß Ashley sei und wie sehr sie sie vermisse.«

Scott legte auf. Ashley würde Nonny nie wiedersehen, jedenfalls nicht in diesem Leben.

Er setzte sich neben Jill und sagte ihr, was geschehen war. Beide schwiegen eine Weile und dachten an die Frau, die sie so geliebt hatten. »Sollen wir es Ashley erklären?« fragte Jill.

Scott meinte, es sei nicht notwendig. Ashley war nicht einmal drei Jahre alt und hatte Nonny schon mehrere Monate nicht mehr gesehen – würde sie sich überhaupt an ihre Großmutter erinnern? Außerdem schlief sie zwei Stockwerke über ihnen und hatte sicher nichts von dem Anruf mitbekommen.

Am nächsten Morgen stürzte Ashley in das Schlafzimmer und sprang auf Scott und Jills Bett. »Letzte Nacht war sie in meinem Zimmer!«

Jill setzte sich kerzengerade hin. »Was meinst du, Ashley?«

»Nonny kam und sprang auf mein Bett, genau so!« Ashley machte es ihnen vor. »Sie war glücklich. Dann sagte sie, sie muß jetzt gehen, weil sie nach Hause in den Himmel muß.« Ashley sprang noch immer. »Sie ist im Himmel, Mammi. Kann ich Frühstück haben?«

Scott und Jill sahen sich an, von Ehrfurcht ergriffen. Sie hatten geglaubt, Ashley würde sich nicht einmal an ihre Urgroßmutter erinnern. Statt dessen hatte Nonny Zeit und Raum durchschritten, um die besondere Beziehung zu ehren – und Abschied zu nehmen.

Kathleen Gusloffs Schwiegervater starb unerwartet. Sie und ihr Mann waren tiefbetrübt. Es war besonders schwer, weil ihr jüngster Sohn David erst neun Monate alt war. Er würde seinen Poppie nie kennenlernen; nur durch Fotos und durch die Geschichten, die Kathleen und Tom ihm erzählen konnten.

Am Abend der Beerdigung schlief das Ehepaar in Toms Elternhaus. Sie kuschelten sich im Bett aneinander. David lag in einem Kinderbettchen neben ihnen. Tomy war vor Erschöpfung sofort eingeschlafen. Kathleen reflektierte den traurigen Tag und weinte leise vor sich hin. Plötzlich hörte sie das Baby lachen. Sie drehte sich zu ihm hin und sah etwas Außergewöhnliches. Eine glühende Lichtkugel hüpfte und blitzte und wirbelte in dem Kinderbettchen, und David hatte seine Freude daran.

»Oh, mein Gott!« Kathleen sprang auf und rannte zum Kinderbettchen. Brannte es? Sie griff nach der Decke, um zu sehen, was darunter war. Aber wieder tanzte die Lichtkugel, kreiste um David herum und dann durch ihn hindurch! David gurrte zufrieden, beinahe intim, als *wüßte* er etwas ... Dann war das Licht fort. War es eine Illusion gewesen?

»Tom, hast du das gesehen?« Kathleen war sich sicher, daß sie mit ihrem Schrei ihren Mann geweckt haben mußte.

Aber Tom stritt ab, irgend etwas gesehen zu haben. »Eine Lichtkugel?« spottete er, als Kathleen versuchte zu erklären, was vorgefallen war. »Du mußt geträumt haben.« Seine Haltung verletzte und verwirrte Kathleen. Sie wußte nicht, was sie sagen sollte.

Am nächsten Morgen entschuldigte sich Tom. »Ich habe mich über deine Geschichte lustig gemacht, weil ich nicht zugeben wollte, daß ich auch gesehen habe, was du gesehen hast«, sagte er. »Es war ein Licht, das um David herumtanzte. Was kann das bedeuten?«

»Ich weiß nicht warum, aber ich glaube, daß es dein Vater war«, sagte Kathleen zögernd. »Das hört sich verrückt an, oder?«

»Nein«, sagte Tom. Er war zu demselben Schluß gekommen. Die Gusloffs haben das Licht nie wieder gesehen. Aber ein paar Monate darauf stellten sie endlich ein Foto von Toms Vater ins Wohnzimmer. David sah das Foto und krabbelte sofort hinüber. »Poppie«, sagte er fröhlich.

Woher hatte er das gewußt?

GELEIT INS PARADIES

Tod bedeutet, einfach die Kerze auszulöschen, weil der Morgen kommt.

ANONYM

Marie Sullivan ist die älteste einer Großfamilie, die aus Lawrence, Massachusetts, stammt. Sie ist Familienhistorikerin und kennt viele Geschichten.

Die außergewöhnlichste trug sich vor Maries Geburt zu. »Meine Eltern hatten elf Kinder. Zwei starben, als sie noch Babys waren. Das zweite Kind, Monica, war das perfekte Kleinkind, schön und gesund«, sagt Marie. »Aber nach ihrem ersten Geburtstag wurde sie krank.« Der Arzt konnte nichts finden, aber die kleine Monica wurde immer schwächer. »Mitten in der Nacht des 10. Juni 1897 richtete sie sich auf und legte ihre Hände auf die Köpfe von meinem Vater und meiner Mutter, die sich über das Gitterbett gebeugt hatten«, sagt Marie. »Dann starb sie.«

In diesem Augenblick fing Musik an zu spielen. Das war noch, bevor es Radios und Fernseher gab, und so stand Maries Vater auf und ging hinaus auf die Terrasse, um herauszufinden, woher sie kam. Die Sullivans wohnten einen Häuserblick von der Freien Kirche entfernt, in der oft Veranstaltungen stattfanden. Kam die Musik von dort? Aber in der Nachbarschaft war es dunkel und still.

Als Mr. Sullivan wieder ins Haus trat, hörte er die Musik

erneut. Sie schien irgendwie ... göttlich. Eine Tante, die gekommen war, um der Familie in dieser schwierigen Zeit beizustehen, wachte auf und hörte die Musik ebenfalls. Aber sie dachte, sie träume, und erwähnte es erst Jahre später. Die Sullivans bekamen noch mehr Kinder, darunter war auch Marie. Im Jahre 1910, Marie war acht Jahre alt, kam die kleine Dorothy auf die Welt. Aber Dorothy hatte sich im Krankenhaus infiziert, und der Arzt wußte nicht, was er für sie tun konnte. Marie und ihre Brüder ließen das Kind nicht aus den Augen, »aber wir alle wußten, daß sie sterben würde«, sagt Marie. Kinder starben damals noch viel häufiger, aber es war immer tragisch.

Eines Morgens wachte Marie aus Angst um Dorothy früher auf. Sie blieb noch einen Moment lang im Bett liegen und sah plötzlich ein Mädchen in der Schlafzimmertür stehen. Das Mädchen, es war etwa vierzehn Jahre alt, hatte ein eierschalenfarbenes Kleid mit weiten Ärmeln an, ein Stil, der schon längst aus der Mode war, und ihr Haar trug sie offen. In Maries Haus gab es niemanden, der so aussah. »Sie ging schnell an meiner Tür vorbei, und ich wußte – ohne zu wissen, woher –, daß es meine Schwester Monica war, die das Mädchen in den Himmel holte«, sagt Marie.

»Monica! Monica«, rief Marie, sprang aus dem Bett und wollte ihrer Schwester folgen, die sie noch nie gesehen hatte.

»Wen rufst du denn, Liebling?« fragte ihre Mutter aus dem anderen Zimmer.

»Es ist Monica, Mutter. Ich habe sie gesehen!« Marie lief durch das Haus und sah überall nach. Aber sie fand das Mädchen weder im Flur noch irgendwo anders.

Als die Kinder an diesem Nachmittag von der Schule nach Hause kamen, war Dorothy tot. Doch statt Angst zu haben oder besorgt zu sein, war Marie ganz ruhig. Sie wußte, daß alles gut war.

»Ich weiß nicht, warum Gott mir diesen kurzen Blick auf Monica erlaubt hat, aber es war ein sehr friedlicher Moment, trotz der Trauer über den Tod meiner kleinen Schwester«, sagt sie. »Ich hatte das Gefühl, daß für alles gesorgt ist, und nach all den Jahren glaube ich es immer noch.«

EINE VISION ZU WEIHNACHTEN

> *»Was kein Auge gesehen hat und kein Ohr gehört hat und in keines Menschen Herz gekommen ist, was Gott bereitet hat denen, die ihn lieben.«*
>
> DER ERSTE BRIEF PAULUS
> AN DIE KORINTHER 2,9

Am ersten Weihnachtsfeiertag des Jahres 1960 gebar Mary Bouillon aus Fosteria in Ohio ihr erstes Kind, ein Mädchen namens Karen Sue. Morgens jedoch brachten ihr die Ärzte schreckliche Neuigkeiten. Karen Sue hatte Hyalinosis. Sie starb noch in derselben Nacht.

Mary und ihr Mann waren am Boden zerstört. Marys Mutter, Eugenia Brickner, eilte sofort zu ihr. »Oh, Mom, warum ist das passiert?« schluchzte Mary.

»Ich weiß es nicht, Schatz, ich weiß es nicht.« Die Mutter nahm Mary in den Arm und fühlte sich hilflos und frustriert. Manchmal schien es für Zorn keine Linderung zu geben.

Der Januar ging vorüber, nebelhaft und traurig. »Weißt du, Mary«, sagte Eugenia eines Nachmittags, »du hast im Himmel jetzt eine eigene kleine Heilige. Stell dir vor – Karen Sue und Jesus haben am selben Tag Geburtstag!«

»Ich will Karen Sue nicht im Himmel haben – ich will sie hier haben!« Mary weinte wieder. Langsam jedoch fanden sie sich mit dem Tod ihrer Tochter ab. Das *Warum* konnte Mary nicht begreifen, doch sie hatte ihrer Mutter schon immer sehr nahegestanden, und mit Eugenias Liebe und Hilfe konnte sie den Schmerz ertragen.

Jahre vergingen. Mary bekam vier Kinder, Marys Vater starb, ihre Mutter erkrankte an Arteriosklerose und kam in das Altenpflegeheim St. Francis in Tiffin, Ohio. Nach und nach ließen Eugenias Gedächtnis- und ihr Sprachvermögen nach.

Irgendwann wiederholte sie nur noch unablässig Marys Namen. Nach einer Weile hörte auch das auf. Eugenia zog sich in ein Schneckenhäuschen zurück, starrte ins Leere und entglitt der Realität.

Mary brach es das Herz, ihre geliebte Mutter in diesem Zustand zu sehen. Weihnachten rückte näher, und sie wurde noch trauriger. Sie mußte an vergangene Weihnachtsfeste denken, glückliche Feiertage und auch einmal tragische. Ihre Mutter hatte bei allem eine wichtige Rolle gespielt. Jetzt wußte Eugenia nicht einmal mehr, welcher Tag es war.

Am Morgen des ersten Weihnachtsfeiertages fuhr Mary zum Pflegeheim und ging in Eugenias Zimmer in der Erwartung, die entrückte Gestalt im Bett zu sehen. Aber nein! Ihre Mutter schaute an die Decke. Die Augen waren wach, und sie hatte ein strahlendes, begeistertes Lächeln auf ihrem Gesicht. Sprachlos schaute Mary zu, wie Eugenia die Arme nach oben streckte. Es war, als spräche sie mit vertrauten und lieben Menschen. »Mom?« Mary wagte nicht, zu fragen. »Mom …, siehst du Dad und Karen Sue?«

»Selbstverständlich«, sagte Eugenia deutlich und fröhlich und blickte gespannt dorthin, wohin Mary nicht gehen konnte.

»Selbstverständlich.«

Eugenia sprach nie wieder ein Wort und starb ein paar Jahre darauf. Aber Mary hat diesen Ausdruck der Klarheit und Glückseligkeit auf dem Gesicht ihrer Mutter an jenem Weihnachtsmorgen nie vergessen. Sicher feierte sie den herrlichsten aller Geburtstage – und feiert ihn noch.

DER GOLDENE FADEN DER HOFFNUNG

»Man sieht nur mit dem Herzen gut. Das Wesentliche ist für die Augen unsichtbar.«

ANTOINE DE SAINT-EXUPERY,
»DER KLEINE PRINZ«

Wie ein goldener Faden vom Himmel kommen geliebte Angehörige vielleicht nur dann, wenn wir ihre Ermutigung am nötigsten brauchen. Kevin erzählte den Hörern von CFRB Radio, was ihm passierte, als er siebzehn Jahre alt war und beschloß, bei seinem ersten Marathonlauf mitzumachen. Kevins Großvater war gestorben, als Kevin noch klein war, aber er hatte immer engen Kontakt mit seiner Großmutter in Schottland gehabt. Vor dem Rennen rief er sie an und bat sie, für ihn zu beten. »Ich schicke dir ganz besondere Hilfe«, versprach die ältere Frau. Kevin machte ein gutes Rennen, aber zwei Meilen vor dem Ziel baute er ab. Wie er es haßte, aufgeben zu müssen. Er hatte so hart trainiert! »In diesem Moment überholte mich ein Junge in meinem Alter in Shorts und Tennisschuhen«, sagte Kevin. »Ich sagte ihm, ich könnte nicht mehr.«

»Nein, du kannst noch!« erwiderte der Läufer. »Ich werde hinter dir bleiben!«

Plötzlich schöpfte Kevin neue Kräfte und lief weiter. Er konnte den Jungen hinter sich hören, aber als er die Ziellinie erreichte und sich umdrehte, war die Straße leer. Ein paar Tage später fiel Kevin ein altes Familienalbum in die Hände, und er entdeckte das Foto eines jungen Mannes in Shorts. Er bekam eine Gänsehaut. Es war der Junge, der ihm während des Rennens Mut gemacht hatte. Aber wie ...?

Kevin drehte das Foto um. Auf der Rückseite war der Name des jungen Mannes geschrieben. Es war sein Großvater im Alter von siebzehn Jahren. Ihm wurde klar, daß er gewinnen konnte, wenn er sich nur bemühte – und daß jemand ganz besonderes ein wachendes Auge auf ihn hatte – und es gab ihm das Selbstbewußtsein, das er brauchte, um das Leben eines Erwachsenen zu beginnen.

In den vierziger Jahren, als der junge Farmer Bob* anfing, Alkohol zu trinken, wußten die Menschen noch nicht viel über Suchtkrankheiten. Als er zweiunddreißig Jahre alt war, er war verheiratet und hatte drei Kinder, war Bob Alkoholiker. Dann starb sein Vater ganz plötzlich und überließ Bob das Brunnenbohrgeschäft, das sie einige Jahre zuvor zusammen begonnen hatten. »Mein Vater hat seinen Vater sehr vermißt«, sagt Tochter Chris Tuttle, »und er fing an, ernster über sein eigenes Leben nachzudenken.« Im April 1967 gab Bob das Trinken vollkommen auf.

Irgendwann stellte Bob einen Tagelöhner ein. Er hieß Pete* und war Alkoholiker. Pete lebte getrennt von seiner Frau, hatte kein Zuhause und keine Möglichkeit, zur Arbeit am Bohrloch zu kommen. Bob gab Pete Arbeit, ein Zimmer und half ihm bei seinen Versuchen, nüchtern zu bleiben. »Meinem Vater lag viel daran, anderen zu helfen«, erinnert sich Chris. »Es war nichts Außergewöhnliches, daß er mit zugriff oder sich mit jemandem wie Pete anfreundete.«

Trotz Bobs Zuneigung kam Pete nicht mit der Nüchternheit zurecht. Er fing wieder an zu trinken und nahm sich schließlich das Leben.

Trauer und Schock über den Verlust zweier wichtiger Menschen in seinem Leben, der Druck, das Geschäft zu führen, für seine Familie aufkommen zu müssen und seine Sucht unter Kontrolle zu behalten brachten Bob an den Rand der Verzweiflung. Seine Persönlichkeit veränderte sich. Er war eigentlich lebenslustig. Nun war er depressiv, teilnahmslos und unkommunikativ. Er weigerte sich, nachts zu schlafen, und lief auf und ab. Weil sie sich Sorgen machten, brachten seine Mutter und seine Frau ihn in die psychiatrische Anstalt des Veteranenhospitals in Kansas.

Aber schon am nächsten Tag erhielt seine Frau einen Anruf. »Ihr Mann wird vermißt«, sagte ein Beamter. »Er scheint einfach hinausgelaufen zu sein.«

»Meine Mutter war niedergeschmettert«, erinnert sich Chris. »Sie forderte die Behörden auf, sofort nach ihm zu suchen.« Freunde und Verwandte kamen zu uns. Manche weinten. Bob könnte möglicherweise etwas Schreckliches zustoßen. Was sollten sie tun?

Die sechsjährige Chris war verwirrt. »Warum sind alle so aufgeregt?« fragte sie.

»Wir können deinen Vater nicht finden, Liebling«, versuchte eine Verwandte ihr zu erklären.

War das nicht die Aufgabe von Gott? fragte sich das kleine Mädchen. » Wir brauchen es Ihm nur zu sagen«, sagte sie.

Die Frau sah Chris an. Wie unschuldig Kinder waren ...

»Bete du für deinen Vater ...«, sagte sie.

Chris kletterte in ihr Bett und verkroch sich unter der Decke. Sie dachte an ihren Vater. Was machte es schon, wenn andere dachten, er sei verschwunden? Gott wußte, wo er war. »Gott«, flüsterte sie, »ich bete um Papa, mehr kann ich nicht tun. Paß gut auf ihn auf. Ich bin müde und möchte jetzt schlafen.« Und das tat sie auch.

Nach ein paar Stunden wurde Bob gefunden. Er lief ziellos auf einer vierspurigen Schnellstraße herum, vier Meilen vom Krankenhaus entfernt. Er hatte kein Geld bei sich, keine Telefonnummern und wußte nicht, an wen er sich wenden sollte. Außerdem, berichteten Zeugen den Beamten, sei Bob absichtlich in der Mitte der Gegenfahrbahn gelaufen, offenbar so tiefbetrübt, daß überfahren zu werden als einzige Lösung für ihn in Frage kam. Aber, es war unglaublich, er wurde nicht überfahren. Die Autos schienen immer noch gerade rechtzeitig auszuweichen.

»Was Vater später erzählte, überzeugte alle davon, daß er unter Halluzination gelitten haben mußte«, sagt Chris. Aus diesem Grunde wurde er für psychisch krank erklärt und wieder ins Krankenhaus gebracht. Er sprach gut auf die Behandlung an, war bald wieder bei seiner Familie, und sein Leben war wiederhergestellt.

Aber Bob und Chris schreiben seine Heilung mehr als nur Ärzten und Therapien zu. Bob ist nach wie vor der Ansicht, daß er nicht allein war, als er in jener Nacht auf der gefährlichen Schnellstraße herumirrte. Rechts und links von ihm, sagt er, wären sein Vater und sein Freund Pete gewesen, gesund und munter. »Wir sind hier, um dich zu beschützen, Bob«, hatten die Männer gesagt. Und genau das taten sie auch, sie schirmten ihn vor den rasenden Autos ab, verscheuchten seine Einsamkeit und bewachten ihn, bis Hilfe kam.

Bob hat die Männer nie wiedergesehen. Aber er glaubt, sie kamen als Antwort auf das Gebet eines kleinen Mädchens – und brachten ihm Heilung und Hoffnung.

NÄCHTLICHE BOTSCHAFT

In der Nacht des Todes sieht die Hoffnung einen Stern, und die Liebe vermag das Wispern eines Flügels zu vernehmen.

ROBERT INGERSOLL,
SEZESSIONSKRIEGSVETERAN

Tschüs, Ellen, bis morgen!« Eleanor Fisher Odom, die damals sechzehn Jahre alt war, winkte ihrer Freundin hinterher, als die beiden sich auf dem Nachhauseweg von der Schule verabschiedeten. Sie gehörten zu einer ganzen Gruppe von Mädchen, die in den späten zwanziger Jahren täglich zusammen zur West Division Highschool in Milwaukee liefen. Ellen Harris, sie würde mit größter Wahrscheinlichkeit die Abschlußrede halten, war die »Prinzessin«, die einzige Tochter von älteren Eltern, die sie abgöttisch liebten. Alle bewunderten die zierliche blonde Schönheit. Aber heute, dachte Eleanor, sah Ellen blaß aus.

Am nächsten Tag in der Schule erfuhr Eleanor, daß Ellen mit Blaulicht ins Krankenhaus gebracht worden war. »Sie mußte letzte Nacht noch operiert werden, Blinddarmdurchbruch.« Luise, eine andere Freundin, verbreitete die Nachricht.

»Wird sie gesund werden?« fragte Eleanor erschrocken.

»Sicher. Wir besuchen sie, wenn es ihr besser geht.«

Doch Ellen wurde nicht wieder gesund. Peritonitis – eine in jenen Tagen häufig auftretende Infektion nach Operationen, stellte sich ein, dann bekam sie auch noch eine Lungenentzündung. Ellen starb nur ein paar Tage darauf. Monate vergingen. Mr. Harris schien mit seiner Trauer fertig zu werden und stand seiner Frau eisern zur Seite. Aber Mrs. Harris war untröstlich – nichts brachte sie zum Lächeln.

Eleanor und ihre Freunde versuchten das ältere Paar zu trösten und besuchten sie oft. Aber Mrs. Harris trauerte weiter, und sie waren der Ansicht, ihr in keiner Weise zu helfen.

»Vielleicht erinnern wir sie zu sehr an Ellen«, sagte Louise. Eleanor seufzte. »Es muß doch einen Weg geben, ihr zu helfen, aber ich weiß nicht, wie.« Verwirrt stellten die Mädchen ihre Besuche ein.

Ein Jahr verstrich. Eleanor vermißte Ellen und fragte sich, wie es Mrs. Harris wohl ging. Aber sie wagte es nicht, die Frau zu besuchen und ihren Schmerz nur noch schlimmer zu machen. Eines Nachts wachte Eleanor plötzlich auf, und ein sanfter Lichtschein erhellte ihr Zimmer. Als sich das Licht ihrem Bett näherte, wurde es größer und heller. Eleanor schaute verwundert auf. Inmitten des warmen Glanzes stand ein hübsches Mädchen in einem fließenden weißen Gewand und lächelte sie an. Es war Ellen!

»Oh!« Träumte sie? Aber nein – das Licht war echt. Eleanor wollte die Hand ihrer Freundin berühren. Aber Ellen zuckte zurück.

»Ich bin hier, um dir eine Botschaft zu überbringen, Eleanor«, sagte sie. Ihre Worte waren zwar ernst, aber sie strahlte vor Freude.

»Für mich?« Eleanor war von Scheu ergriffen, hatte aber – seltsamerweise – keine Angst.

»Ja«, fuhr das Mädchen fort. »Ich danke dir, daß du so nett zu meinen Eltern bist. Bitte sag meiner Mutter, daß ich sie liebe und daß sie nicht länger weinen soll. Sag ihr, daß es mir im Himmel gutgeht.«

Bevor Eleanor etwas antworten konnte, wurde der Schein

schwächer. Sie rieb sich die Augen. Ellen war verschwunden. Eleanor saß einen Moment lang sprachlos im Dunkeln. Warum hatte man ihr einen kurzen Einblick in den Himmel gewährt! Sie sprang aus dem Bett und weckte ihre Mutter. »Du mußt Ellens Mutter besuchen und ihr die Botschaft übermitteln«, sagte Eleanors Mutter.

Würde Mrs. Harris ihr glauben? Eleanor hatte Angst, aber sie tat, was ihre Freundin ihr aufgetragen hatte. »Und es muß Mrs. Harris ein Trost gewesen sein, denn ich habe sie nie wieder weinen sehen«, sagt Eleanor heute. Ellens Mutter war bis zu ihrem Tode aktiv und produktiv – bis sie mit ihrer Tochter, die ihr vor so langer Zeit die tröstende Botschaft geschickt hatte, wiedervereint wurde.

DIE WEISSE ROSE

So wird uns nach einer Zeit der Tränen eine nüchterne und sanfte Freude erfassen.

HENRI FREDERIC AMIEL, »JOURNAL«,
21. SEPTEMBER 1868

Im Juni 1987 kam der dreijährige Ryan James Griffin, das jüngste von fünf Kindern, ums Leben. Er wurde im Swimmingpool der Familie gefunden und starb fünf Tage später. Seine Eltern Teresa und Ray waren untröstlich.

»Ich war zu nichts in der Lage«, sagt Teresa. »Ich war wie verrückt vor Schmerz.« Warum war ihr kleiner Sohn in der Nähe des Pools gewesen? Wie war er hineingefallen? Keiner wußte es.

Nur eins hielt Teresa ab, vollkommen den Mut zu verlieren. Sie war im sechsten Monat schwanger, mit einem Sohn namens Michael. Ein Kind kann das andere niemals ersetzen, aber Teresa mußte für das ungeborene Kind gesund bleiben.

Nach der Beerdigung befürchtete Teresa, daß ihre Verbindung mit Ryan völlig abgebrochen war. Wo war er jetzt? Er war so klein … War er in Sicherheit? … War er glücklich? Diese Fragen zermürbten sie. Am Vatertagswochenende fuhren sie und Ray an die Küste, um einmal Abstand zu gewinnen. Teresa war todtraurig. »Ach, Ryan«, flüsterte sie im Auto, »kannst du mir ein Zeichen geben, daß du in meiner Nähe bist?«

Plötzlich hatte sie die Worte *eine weiße Rose* im Kopf.

Eine von Tau benetzte weiße Rose. Was hatte das zu bedeuten? War es eine Botschaft von Ryan? Nein, das bildete sie sich ein. Sie war zu traurig und zu verzweifelt, um eine Verbindung herzustellen, wie kurz sie auch sein mochte. Ryan war fort.

Am späten Nachmittag ging Teresa an den Strand. Sie wollte eine Zeitschrift lesen und schlug sie irgendwo auf: eine zweiseitige Werbung für Make-up und Feuchtigkeitscreme. Ihr Herz blieb beinahe stehen. Auf der Mitte der Seite war eine weiße von Tau benetzte Rose.

War das ...? Nein, das war nur ein Zufall. Aber später kam Ray, der nichts von Teresas Wunsch wußte, mit einer weißen Rose in der Hand zur Tür herein. »Hier«, sagte er und hielt seiner Frau die Rose hin.

»Was ist der Anlaß?« fragte sie verwundert.

»Ich weiß nicht.« Ray zuckte mit den Schultern. »Sie wuchs draußen, und ich dachte, ich pflücke sie für dich.« Von einem Blütenblatt hing ein Tautropfen.

Sie trauerten noch lange Monate, ja Jahre, aber von dem Tag an faßte Teresa Mut, weil sie wußte, daß sie wirklich mit ihrem kleinen Jungen sprechen konnte, wenn auch nicht so wie früher. »Immer, wenn ich es am dringendsten brauche, bekomme ich sonderbarerweise eine Postkarte mit einer weißen Rose«, sagt sie. »Oder ich flüstere Ryan zu, mir mit seinem älteren Bruder zu helfen – und dann kommt alles ins Lot.«

Ein Jahr ging vorbei, dann zwei, aber Teresa hatte des Rätsels Lösung immer noch nicht gefunden: Wie und warum war er ertrunken? Die Wunden würden nicht heilen, bis sie Bescheid wußte, und oft bat sie Gott, ihr zu helfen, die Antwort zu finden.

Eines Morgens kam der zweijährige Michael zu ihr und sagte unerwartet: »Mom, laß uns über Ryan sprechen.«

Sie hatte Michael immer nur gesagt, daß sein älterer Bruder

im Himmel sei, aber weiter nichts. Jetzt saß er mit Teresa auf der Couch und kam, wie Kinder eben so sind, direkt zur Sache. »Ich habe versucht, Ryans Seele wieder in seinen Körper zu tun, aber ich habe es nicht geschafft«, sagte er.

»Wovon sprichst du, Michael?« fragte Teresa verständnislos. Noch nie hatte sie den Kleinen das Wort *Seele* sagen hören.

»Er rannte und fiel und hat sich am Kopf gestoßen und dann, gluck ..., gluck ...«, sagte der Kleine.

Teresas Herz fing an zu klopfen. »Und dann, Michael?«

»Dann kam das Licht herunter, wie ein Blitz.«

»Hat das Licht irgend etwas gesagt?« Tränen schossen ihr in die Augen.

»Das Licht sagte: ›Ich liebe dich, Ryan‹«. Michael war mit seiner Offenbarung zu Ende. Er erhob sich von der Couch und wollte seinen Spielzeuglaster suchen.

Teresa erstarrte. Michael war noch nicht auf der Welt gewesen – er hatte nicht gewußt, unter welchen Umständen Ryan gestorben war. Und doch war das, was er sagte, wahr. Wenn Ryan sich wirklich den Kopf aufgeschlagen hatte und gefallen war, war es die Erklärung, nach der sie suchte.

Woher hatte Michael das gewußt? Aber sie glaubte auch die Antwort darauf zu wissen. Irgendwie hatten sich die Seelen ihrer Kinder getroffen, die eine auf dem Weg zur Erde, die andere auf dem Weg in den Himmel.

Später entsann sich Teresa, daß die Eltern eines Freundes von Ryan nach dem Begräbnis von einem ähnlichen Erlebnis erzählt hatten. Ihr dreijähriger Sohn hatte darauf bestanden, daß Ryan nachts zu ihm zum Spielen gekommen sei. »Ryan sagte, er hätte sich den Kopf gestoßen und sei in den Pool gefallen«, erzählte der Junge seinen Eltern. Aber niemand hatte ihn ernst genommen.

»Es gibt viele Dinge über das Erdenleben, die wir nicht verstehen«, sagt Teresa heute. »Aber ich bin der Meinung, wir sollten offen für das sein, was Gott tut und Vertrauen haben.« Und sie hat das Vertrauen, daß sie Ryan wiedersehen wird. Er ist, sagt sie, nur einen Herzschlag entfernt.

Buch vier

WUNDERHEILUNGEN

HIMMLISCHE HEILUNG

Der große Geist ist überall; er hört, was immer in unseren Köpfen und Herzen vor sich geht, und es ist nicht nötig, mit lauter Stimme zu ihm zu sprechen.

BLACK ELK, SCHAMANE
DER SIOUX NATION

Während ich einmal an einem Gottesdienst teilnahm, bat ich Gott, mein Magengeschwür zu heilen. Später jedoch habe ich nicht mehr daran gedacht und weiter meine Medikamente genommen. Nach ein paar Tagen mußte ich mich übergeben, und ich hörte eine innere Stimme, die sagte: ›Weißt du denn nicht, daß ich dich geheilt habe?‹ Und tatsächlich, ich hatte kein Magengeschwür mehr.«

»Gott wußte, ich brauchte spirituelle Heilung mehr als irgendeine physische, und Er hat meine Haltung zum Leben auf überwältigende Weise verändert.«

»Charles und Frances Hunter beteten, daß meine Schmerzen endlich aufhören mögen. Mir wurde innerlich ganz warm … Ich brauchte keine Hysterektomie!«

»Trotz der Tests war unser Baby völlig gesund und normal!«

»Mir wurden alle meine negativen Gefühle genommen – Angst, Wut, Haß. Am nächsten Tag bemerkte sogar mein Tennispartner die Freude auf meinem Gesicht. ›Was ist denn passiert‹, fragte er.«

»Als man bei meinem Mann die Lou Gehrigs-Krankheit

diagnostizierte, gab man ihm noch fünf Jahre zu leben. Das ist sechzehn Jahre her, und es geht ihm immer noch gut.«

»Der Schmerz in meiner ausgerenkten Schulter war mörderisch, und ich hatte keine Möglichkeit, zu einem Arzt zu kommen. Ich fing an zu beten. Innerhalb von Minuten hatte ich keine Schmerzen mehr, und sie kamen auch nie wieder.«

Nach den Auszügen aus Briefen zu urteilen, bitten viele Menschen um Heilung – und erhalten sie auf die verschiedenste Weise. Normalerweise kurieren uns Mediziner. Aber auch Gebete vermögen uns zu heilen. In einem Doppelblindversuch im Jahre 1988 an der Kalifornischen Universität in San Francisco teilten Kardiologen 393 Herzpatienten in zwei Gruppen auf. Für eine Gruppe beteten freiwillige Helfer, die die Patienten nicht kannten, für die andere nicht. Die Patienten, für die gebetet wurde, hatten nicht so viele Probleme und brauchten weniger medizinische Hilfeleistung. In einer kürzlich gemachten Umfrage in Virginia behaupteten 14 Prozent der befragten Erwachsenen, daß sie durch Gebete oder durch eine göttliche Macht geheilt wurden. Über die Jahrhunderte hinweg gab es Menschen, die die Gabe besaßen zu heilen, eine Fähigkeit, für die Kranken zu beten, so wie Jesus' Jünger es taten. (Solche Menschen besitzen keine eigene Macht – wenn eine Heilung vollzogen wird, kommt sie immer von Gott.) Andere wurden einfach gesund, ohne daß irgend jemand involviert war. »Heute kooperieren Ärzte mehr denn je mit ihren Patienten und machen Krankenblätter und Röntgenbilder gesetzlich anerkannten Ermittlern zugänglich, die sie prüfen und untersuchen«, sagt Harald Bredesen, Pfarrer und Autor von *Need a Miracle?*. »Es gibt also mittlerweile genügend Beweise dafür, daß viele geltend gemachte Wunder auch tatsächlich Wunder sind.«

Gott möchte, daß es Seinen Kindern gut geht, und unter Umständen hilft Er einem Menschen umgehend. Oft jedoch dauert es lange, bis jemand geheilt ist, und manchmal geschieht es gar nicht. Warum?

Wir dürfen niemals den Fehler begehen, uns oder dem Kranken die Schuld zu geben, denn einzig und allein Gott kennt die Antwort auf Leben und Tod. Es ist jedoch möglich, daß einige von uns ihrer eigenen Heilung im Wege stehen. Es gibt medizinische Beweise dafür, daß Wut, Rachegefühle und andere negative Emotionen die Genesung behindern können. Wie das afrikanische Sprichwort schon sagt: »Derjenige, der vergibt, beendet den Streit ...« – und macht einen großen Schritt in Richtung der eigenen physischen und psychischen Gesundheit.

Eine Heilung kann auch verzögert werden, weil Gott die Schwierigkeiten in unserem Leben benutzt, um unsere Spiritualität zu wecken, um uns auf die Ebene des Verstehens, des Mitgefühls und der Weisheit zu erheben, die wir sonst niemals erreichen würden. Was ursprünglich wie ein Unglück erscheint, ist vielleicht seine Aufforderung, Barmherzigkeit zu üben und zu wachsen, vielleicht sogar ein Weg, später anderen zu helfen. »Die besten Ärzte sind oft die, die selber einmal schwer krank waren«, beobachtet Dr. Bernie Siegal, der Autor des Buches *Love, Medicine and Miracles*. Nur ein Krebspatient ist wirklich in der Lage, das einzigartige Leiden eines anderen Leidensgenossen zu begreifen – und die richtige Mischung aus Trost und Pflege zu vermitteln.

»Der Koran lehrt, daß Gott keine Krankheiten schickt«, erklärt Dr. Musa Qutub, Präsident des islamischen Informationszentrums Amerikas. »Aber eine Krankheit kann schlechte Taten reinwaschen; sie kann uns verändern. Unglück ist ein großer Lehrmeister.« Wir sollten jubeln und dankbar sein, wenn wir Probleme haben, nicht über das Leid an sich, sondern über das, was danach kommt, wenn wir uns Gott zuwenden. Zum Beispiel: Mark mußte am Rücken operiert werden, und er bat seinen Pfarrer, für ihn zu beten. Der Pfarrer tat es, aber nichts änderte sich. Mark mußte eine schmerzhafte Operation über sich ergehen lassen, und die Männer verloren irgendwann den Kontakt zueinander.

Zwei Jahre später klingelte Mark an der Tür dieses Pfarrers. »Wir ziehen fort, und ich wollte Ihnen dafür danken, daß sie mich geheilt haben.«

»Ich?« Der Pfarrer war verblüfft. »Aber Mark, du wurdest nicht geheilt.«

Mark lächelte. »Doch, Herr Pfarrer, Sie wußten es nicht, aber als sie für mich beteten, war mein Leben ein Scherbenhaufen. Meine Frau hatte die Scheidung eingereicht, mein Sohn nahm Drogen, und unsere Tochter hatte sich der Familie entfremdet.« Weil Mark aber krank war, scharrten sich alle pflichtbewußt um sein Bett. Nach und nach, während seiner langen Genesungszeit, fingen die Familienmitglieder jedoch an, auf eine Weise miteinander zu sprechen, wie sie es nie zuvor getan hatten, weil sie entweder zu beschäftigt oder zu wütend gewesen waren. Langsam änderte sich ihre Einstellung. »Meine Familie ist wieder vereint, Herr Pfarrer«, sprach Mark zu Ende. »Und ohne meine Operation wäre es nie dazu gekommen. Gott gab mir die Heilung, die ich *brauchte*, statt der, die ich glaubte haben zu müssen.«

In anderen Fällen sagt Gott einfach: »Noch nicht«. »Wir leben im Zeitalter des Instanttees und der Sofortbildkameras«, sagt Schwester Briege McKenna, die ein internationales Heilministerium leitet. »Mit Gott gehen wir genauso um. Wir glauben, wenn Gott uns nicht sofort gibt, was wir wollen, dann gibt er es uns überhaupt nicht.«

Ein Ehepaar brachte seinen kleinen Sohn zu Schwester Briege. Er hatte einen Gehirntumor, würde bald blind werden und sterben. »Ich kann mit Ihnen beten«, sagte die Schwester,

»aber auch Sie und Ihre Familie müssen um Davids Heilung bitten.«

»Schwester«, sagte der Vater, »im Beten haben wir keine große Übung.«

»Reden Sie einfach«, hatte die Schwester erklärt, »berühren Sie David, und segnen Sie ihn.«

Die Eltern gingen nach Hause, trommelten die älteren Kinder zusammen und beschlossen, jeden Tag nach dem Abendbrot gemeinsam für David zu beten. Aber der Tumor wurde größer.

Davids Vater verlor den Mut, aber seine Frau gab nicht auf. Nach sieben Monaten bemerkten sie, daß Davids Tumor zwar weiterwuchs, er aber nicht erblindet war. Sie beteten weiter. Nach etwa sechzehn Monaten fing der Tumor langsam an, sich zurückzubilden. »Dann wurde mir klar, daß sich unsere Kinder in diesen zwei Jahren völlig verändert hatten«, sagt Davids Vater. Sogar nach Davids Genesung wollten seine Geschwister nach dem Abendbrot so lange nicht aus dem Haus gehen, bis wir gebetet hatten. Wäre David sofort gesund geworden, hätte die Familie diese wundervolle Erfahrung nie machen können.

Es ist wichtig, daß Sie, wenn Sie diese Geschichten lesen, nicht vergessen, daß urkundlich belegte Heilungen wie diese selten sind. Obwohl sie wunderbar und bewegend sind, sollen diese Geschichten niemanden davon abhalten, zu allererst den Rat eines Arztes einzuholen – und dann der empfohlenen Behandlung zu folgen. Wie bei allen Dingen im Leben erwartet Gott sogar von uns, daß wir unseren Teil zur eigenen Gesundheit beitragen. Er will, daß wir immer gut auf uns aufpassen und ärztliche Hilfe in Anspruch nehmen, wenn wir krank werden. Er will auch, daß wir die Warnungen der Kirchen aller Religionen vor Scharlatanen ernst nehmen, die sich als Heiler ausgeben und Jagd auf Kranke und Schwache machen, um sich selbst zu bereichern. Solche Betrüger, die nicht Gottes Liebe und der Wunsch, anderen zu helfen, motiviert, sondern Geiz und Selbstsucht, sollten gemieden werden.

Wenn wir krank sind, sollten wir natürlich beten. Aber wir müssen stets daran denken, daß Gebete keine Wundermittel sind. Manchmal, gleichgültig wie aufrichtig unser Gebet auch sein mag, wie gewissenhaft wir mit Ärzten zusammenarbeiten, wie gut, freundlich und schuldlos wir sein mögen, werden wir nicht gesund. In Zeiten wie diesen müssen wir auf dem Pfad des Glaubens wandeln, auf dem das Gebet selbst schon ein Segen ist, ein Weg, denen um uns herum und uns selbst Frieden zu bringen. Gottes Beweggründe sind vielleicht nicht sofort erkennbar, aber wir können immer sicher sein, daß Er weiß, was Er tut – und uns niemals im Stich lassen wird.

DAS WAHRE ERNTEDANKFEST

Auch wenn ich weine, weil diese Segel losgerissen und all meine Hoffnungen zerschmettert sind, »Vertraue ich Ihm!«

ELLA WHEELER WILCOX

Es geschah im Jahre 1988, am Tag des Erntedankfestes. Die Kinder und Enkelkinder von Jane und Alban Theriault waren zu Besuch in Lewiston, Maine, um das Fest zu feiern – auf englisch und französisch (die Familie war schon immer zweisprachig gewesen). Alban holte den riesigen Truthahn aus dem Ofen, legte ihn auf die Küchenablage und übergoß ihn noch einmal mit heißer Soße. In diesem Moment kam seine neunjährige Enkelin Kari herbei. »Pepere, darf ich helfen?« fragte sie.

»Sei vorsichtig, Schatz«, sagte Alban, aber zu seinem Entsetzen spritzte das heiße Öl aus der Kelle in seiner Hand auf Karis Gesicht. »O nein!« rief er. Das Mädchen schrie auf vor Schmerz. Aus allen Zimmern kamen Angehörige gelaufen.

Kari hatte schwere Verbrühungen. Die Soße war auf ihr Gesicht gespritzt und hatte ihre Zunge verbrüht. Auch auf der Brust hatte sie etwas abbekommen, und weil sie ein Nylonkleid trug, hatte sich die Hitze noch tiefer in ihre Haut gebrannt.

Karis Mutter, Christine, die von Beruf Krankenschwester war, beschloß, sie nicht in ein Krankenhaus zu bringen. Sie tat alles, was auch in der Notaufnahme gemacht worden wäre, und brachte Kari dann in Albans und Janes Bett.

»Kari weinte stundenlang«, erinnerte sich Jane. »Ihre Haut platzte auf und hing in Fetzen von ihrem Kinn herunter. Ihre Brust war nur noch rohes Fleisch. Es war das schlimmste Erntedankfest, das wir je hatten.«

Alban nahm die Geschichte am meisten mit. Wie hatte er das zulassen können? Kari würde für immer Narben davontragen – und jedesmal, wenn sie in den Spiegel sah, würde sie ihrem Großvater die Schuld geben. Es war zuviel des Guten für den stillen, sanften Mann.

In den nächsten beiden Tagen wurden Karis Schmerzen stärker. Ihre Zunge war stark verbrüht, und die Lippen klebten zusammen. Sie konnte nur noch durch einen Strohhalm Nahrung zu sich nehmen. Ihr Gesicht sah furchtbar aus.

Jane und Alban hatten vier Eintrittskarten für Vater Ralph DiOrios Heilmesse am Sonntag in Worcester. »Warum nehmen wir Kari nicht mit, damit der Vater für sie beten kann?« schlug Jane vor. Christine stimmte zu.

An diesen Messen nehmen gewöhnlich Tausende von Menschen teil, und es ist zwingend notwendig, die Menge unter Kontrolle zu halten. »Zu Vater DiOrio dringt niemand vor, es sei denn, er ruft *dich*«, erklärte Jane. Aber sie konnte nicht solange warten. Als der Priester die Bühne verließ, um den Leuten seinen Segen zu geben, nahm Jane Karis Hand, eilte ans andere Ende der Halle, lief hinaus, einmal um das Gebäude herum und dann wieder hinein, genau dorthin, wo er vorbeikam.

Ein Platzanweiser näherte sich, wahrscheinlich um ihr zu sagen, daß sie den Gang versperrte und zu gehen habe. »Aber ich konnte hören, wie der Geistliche durch die Menge schritt, und als er die Treppen hinunterkam, drehte ich Kari zu ihm hin, so daß er sie sehen mußte«, erinnerte sie sich.

Vater DiOrio hielt inne. »Was ist ihr zugestoßen«, fragte er Jane.

»Sie hat sich verbrüht, Vater.«

Der Priester holte geweihtes Öl aus seiner Tasche, bestrich Karis Wunden und betete um ihre Genesung. Jane dankte Gott. Sie war sich sicher, daß nun alles gut werden würde.

Am nächsten Morgen wachte Kari auf und sagte: »Mami, ich habe Hunger. Darf ich etwas Richtiges essen?«

Christine sah sie an. Ihr wundes Gesicht und ihre Brust sahen nicht besser aus. »Kari, du weißt doch, daß du nicht essen darfst«, erinnerte sie sie.

»Mami, mir geht es gut. Es tut mir nichts weh, wirklich.«

Kari aß ein großes Frühstück, und Christine erlaubte ihr, in die Schule zu gehen. Karis Lehrer und die Mitschüler waren über ihre Verletzungen entsetzt, und sie erklärte ihnen, was geschehen war. Am Dienstag jedoch schienen sich die Wunden bereits zu schließen. Als Kari jedoch am Donnerstag aufwachte, schrie ihre Mutter auf. »Kari, sieh in den Spiegel!«

Kari blickte in den Spiegel. Sie konnten beide nicht glauben, was sie da sahen. Karis Haut war glatt und tadellos. Nicht eine Narbe, nicht einmal eine Blase war zurückgeblieben, die auf die Verbrühungen hinwies. Auch ihr Lehrer und die Freunde waren verblüfft. Wie konnten so furchtbare Wunden einfach verschwinden?

In jener Woche nahm Alban Theriault Kari mit zum Gemeinschaftsgebet. Er hielt sie mit ausgestreckten Armen hoch und weinte vor Freude. Auch Jane grübelte über diesen wundervollen Vorfall nach. »Es ist doch merkwürdig, daß wir genau vier Eintrittskarten hatten«, wundert sie sich. »Und noch erstaunlicher ist es, daß Gott zuerst den Schmerz linderte und dann erst die Wunden schloß – so konnte sie zur Schule gehen, wo viele Menschen ihre furchtbaren Verletzungen sehen konnten.«

Einige Tage später erblickten dann alle das vollkommen geheilte Gesicht des kleinen Mädchens – und sie wußten, was Gott für sie getan hatte.

DOPPELTER SEGEN

Es gibt keine Fehler, keine Zufälle. Alle Erlebnisse sind Segnungen, aus denen wir lernen sollen.

DR. ELISABETH KÜBLER-ROSS,
PSYCHIATERIN UND AUTORIN

Wie viele Männer seiner Generation, meldete sich Richard Slade im Jahre 1969, dem Jahr, in dem der Vietnamkrieg seinen Höhepunkt erreichte, als Freiwilliger zur Armee. In den zwei Jahren seiner Dienstzeit war er Hubschrauberpilot und nahm an zahlreichen Einsätzen teil, zu seinem großen Glück wurde er nie verletzt. Als er schließlich aus dem Krieg nach Hause kam, seufzte die ganze Familie erleichtert und dankbar auf. Ricks Probleme hatten nun ein Ende.

In Wirklichkeit begannen sie aber erst. Es dauerte Jahre, bis die unheimliche Wirkung des chemischen Kampfstoffes Agent Orange vollkommen untersucht worden war. In der Zwischenzeit heiratete Rick, gründete eine Familie, unterrichtete Flugtechnik und meldete sich freiwillig zur Nationalgarde. Im Sommer '91 bot ihm die Garde eine Vollzeitstelle als Testpilot auf einer Hubschrauberreparaturanlage in Deutschland an. Es war der Job seiner Träume.

»Schon bevor Rick und seine Frau Shirley nach Deutschland übersiedelten, beklagte er sich über Magenschmerzen«, erinnerte sich seine Schwester Pam. »Er dachte, er hätte ein

Magengeschwür. Aber man hatte ihn erst gerade durchgecheckt und nichts gefunden.«

Rick war erst ein paar Wochen in Deutschland, als er eines Morgens vor Schmerzen zusammenbrach. »Irgend etwas ist in meinem Magen explodiert!« rief er einem Freund zu, der ihn daraufhin ins Krankenhaus brachte. Innerhalb weniger Stunden war er im OP. Aber die Ärzte fanden nicht etwa ein durchgebrochenes Magengeschwür. Es war Krebs, der in Ricks Magen, Leber und Darm wucherte. Später wurde auch noch Knochenmarkkrebs diagnostiziert. Chirurgen entfernten neunzig Prozent von Ricks Magen, dies war ein Versuch, ihn so lange am Leben zu halten, daß er sich einer Chemotherapie unterziehen konnte. Die Ursache seiner Erkrankung jedoch war die: Vietnam hatte Rick zwar nicht direkt umgebracht, aber die Langzeiteffekte der chemischen Waffen hatte ihn schließlich eingeholt. Für seine Art von Krebs gab es keine Heilung. Rick war unheilbar krank!

Pam war niedergeschmettert. Ihre Schwiegermutter war gerade an Krebs gestorben, und nun litt auch noch ihr geliebter Bruder an dieser Krankheit. Pam hatte schon immer an die Kraft von Gebeten geglaubt, aber »uns ist noch nie ein Wunder geschehen«, sagt sie. Es war wirklich schwer vorstellbar, daß solche Dinge normalen Menschen wie ihr und Rick widerfahren sollten. Sie begann nun damit, täglich für die Gesundheit ihres Bruders zu beten. Aber als Rick nach San Antonio zurückkehrte, um im Houston Hospital mit seiner Behandlung zu beginnen, war sie verzweifelt.

Eines Tages wurde Pam zu einer Sonntagabendmesse für ihre Freundin Carole eingeladen. Ärzte hatten einen wahrscheinlich bösartigen Tumor bei ihr gefunden, und Carole sollte am folgenden Tag operiert werden. »Carole war meine erste Bibellehrerin und hatte mir beigebracht, wie man betet«, erklärt Pam. »Ich erwartete keine Wunder, nicht wirklich, aber ich wollte ihr beistehen. Also ging ich hin.«

Sie war von der Messe zutiefst ergriffen. Über hundert Freunde und Familienmitglieder waren gekommen. Carole saß auf einem Stuhl und hielt ihren Enkel auf dem Schoß, und die anderen standen im Kreis um sie herum. Sie sangen, lasen aus der Heiligen Schrift vor, lobpriesen und dankten Gott für das, was Er aus dieser Situation machen würde, was auch immer es sein würde. Sie berührten Carole und salbten sie. Pam schossen die Tränen in die Augen über dieses alte und würdevolle Ritual. Genau das war es, was die Bibel vorschrieb im Falle einer Krankheit, dachte sie. Über die Jahrhunderte hinweg hatten ihre Brüder und Schwestern genau das getan, und Heilung war eingetreten. Warum nur damals und heute nicht?

Gott, sagte Pam leise, *ich habe gebetet, aber heute werde ich Dich um mehr bitten, nämlich um ein Wunder. Ich bitte Dich um ein Wunder für Carole, denn aus diesem Grunde bin ich gekommen. Aber heimlich bitte ich auch um eins für Rick.* Gott kennt keine Zeit und keinen Raum. Wenn Er Carole hier heilen konnte, dann konnte Er aller Wahrscheinlichkeit nach auch einen Mann in einem texanischen Krankenhaus heilen.

Am Montag verbreitete sich die frohe Botschaft wie ein Lauffeuer in der Nachbarschaft. Caroles Arzt hatte eine Überraschung für sie parat. Ihr Tumor war nicht nur gutartig, sondern er war auch sehr klein und mußte nicht operiert werden. »Wir waren voller Freude, und ich weiß noch, daß ich dachte, da haben wir unser Wunder!« sagt Pam. »Ich dachte gar nicht mehr an Rick.«

Wunder geschahen nie zweimal hintereinander, oder doch? Aber am Dienstag rief Rick an. Es war schon mindestens einen Monat her, seit Pam seine Stimme gehört hatte, und ihr blieb beinahe das Herz stehen. »Ich habe Neuigkeiten für dich«, sagte Rick langsam.

Gott, war es möglich …? Sie ahnte etwas, aber sie wagte es nicht auszusprechen.

»Pam, die Krankheit geht wieder zurück. Es ist nichts … nichts mehr da. Sie haben mir sogar Knochenmark aus der Hüfte entnommen. Kein Zeichen von Krebs mehr! Und bei der Computertomographie war nichts zu sehen. Die Ärzte sind fassungslos.«

»Rick, ich bin am Sonntag bei einer Heilmesse gewesen, und ich habe um ein Wunder für dich gebeten …« Jeden Moment würden ihr vor Freude die Tränen kommen, sie wußte es.

Am anderen Ende der Leitung wurde es nachdenklich still. »Shirleys Tante hat auch gebetet«, sagte Rick endlich. »Pam, ich glaube, ich bin geheilt.«

Seit jener wunderbaren Nacht sind einige Jahre vergangen. Rick, dem zuvor gesagt wurde, er solle nichts schwereres mehr heben als ein Blatt Papier, restauriert heute seinen 49er Ford und balgt sich mit seinem Enkel. Und Pam? Sie hat gelernt, Gott um große Dinge zu *bitten* und sie auch von ihm zu erwarten. Und sie zögert nicht, anderen zu erzählen, wie es dazu kam.

EIN WUNDER VON MICHAEL

Er hat Seine Gründe für das, was Er tut,
und eines Tages wird Er sie uns erklären.

EMIDIO JOHN PEPE AUS
ASTORIA, NEW YORK

1956 begann Catherine Webbs erbitterter Kampf gegen den Krebs. Auf eine Hysterektomie folgten eine doppelte Brustamputation und mehrere Hautkrebserkrankungen. Es war eine traumatische Erfahrung und »ich bezweifle, daß ich es ohne meine wunderbaren Chirurgen geschafft hätte«, sagte Catherine. Aber 1983 starb ihr behandelnder Arzt.

Ein Jahr später entdeckte Catherine neue Symptome, und ihre damaligen Ärzte wiesen sie in ein Krankenhaus ein, um einige Tests vorzunehmen. Catherine hatte nun auch noch Leber- und Darmkrebs. Sie empfahlen ihr, sich operieren zu lassen und danach eine Chemotherapie sowie eine Bestrahlungstherapie mitzumachen.

Catherine lehnte ab. »Es kommt eine Zeit, da muß man sagen: ›Genug ist genug‹«, teilte sie ihren Ärzten mit. Sie ärgerten sich über ihre Dickköpfigkeit. »Was werden Sie tun?« wollte einer wissen. »Wie werden Sie damit fertig werden?«

Das war eine gute Frage. So weit in die Zukunft hatte Catherine noch gar nicht gedacht – ihr war noch schwindelig von dieser furchtbaren letzten Diagnose – aber sie holte einmal tief Luft. »Wenn der Krebs schon in meiner Leber ist, dann kann medizinisch nichts mehr getan werden«, sagte sie leise. »Aber ich habe tiefes Vertrauen zu Gott. Dies und die Tatsache, daß ich mein Leben von einem Tag zum anderen lebe – und auch, daß ich meinen Sinn für Humor nicht verliere –, wird mir helfen, mit dem, was auf mich wartet, fertigzuwerden.«

Der zweite Arzt schüttelte den Kopf. »Ihnen bleibt weniger als ein Jahr – vielleicht nur sechs Monate«, eröffnete er ihr.

»Noch ein Grund mehr, sich nicht der Behandlung zu unterziehen«, erwiderte Catherine. Sie überlegte sich schon Alternativen. Vielleicht konnten ihr die Schwestern einer Sterbeklinik während ihrer letzten Tage helfen.

Catherine kam also aus dem Krankenhaus nach Hause. Sie war krank, hatte Schmerzen und war schwach. »Meine Schwestern waren toll«, sagte sie, »aber sie mußten fast alles für mich machen.« Sie wurde zusehends schwächer, und ihre Welt schrumpfte auf die Entfernung zwischen Bett und Stuhl zusammen. Irgendwann zwischen Dezember 1984 und Januar 1985 würde sie sterben. Sie betete, daß sie dem Tod mutig ins Auge sehen könne.

Mehrere Wochen nach der Diagnose brachte eine der Schwestern Catherine die Post. Als die Schwester einen der Briefe öffnete, fiel etwas aus dem Umschlag. »Sehen Sie doch«, sagte sie und gab Catherine den Inhalt des Kuverts.

Es enthielt ein Flugblatt und eine kleine goldene Medaille vom heiligen Michael. Catherine hatte noch nie von ihm gehört. Aber auf dem Flugblatt stand, daß er der Patron aller Krebskranken war und daß das Gebet auf dem Flugblatt in der Hoffnung auf Heilung aufgesagt werden müsse.

Wer hatte ihr das zugeschickt? Ihre Adresse war getippt, es war keine Computerschrift, und der Absender gehörte einem Vater Anthony aus einem Kloster in Baltimore. Ein Brief war nicht dabei. Catherine hatte auch noch nie von Vater Anthony gehört, aber offenbar wußte er etwas über sie. Vielleicht hatte ein Freund ihm von ihr erzählt.

Für Catherine war es offenbar zu spät, aber der Gedanke, einen besonderen Heiligen um Hilfe für *andere* Krebspatienten zu bitten, sagte ihr zu. In den nächsten Wochen dachte sie oft an den heiligen Michael und betete, wann immer sie konnte, für all die kranken Menschen auf der Welt.

Eines Morgens wachte Catherine früher auf als sonst. Sie fühlte sich merkwürdig, so als ströme Energie durch sie hindurch. Obwohl sie schon wochenlang nicht mehr ohne Hilfe gelaufen war, stand sie auf und lief auf wackligen Beinen ins Bad. Als die Schwestern kamen, lag sie bereits wieder im Bett.

»Machen Sie sich keine Umstände.« Fröhlich schickte sie sie fort. »Ich war schon im Bad.«

»Machen Sie sich nicht über uns lustig«, sagten die Schwestern lächelnd.

»Sehen Sie nach«, sagte Catherine. »Ich wußte, Sie würden mir nicht glauben, also ließ ich das Licht brennen.«

Die Schwestern schauten nach. Das Licht brannte. »Wie haben Sie das *gemacht*?« fragte sie verblüfft.

Catherine lachte. »Ich weiß es wirklich nicht.«

Am nächsten Tag fühlte sie sich noch kräftiger. Nach und nach verschwanden die Symptome, und sie fing an, selber für sich zu sorgen. War sie geheilt? Als ihr Arzt sie nach ein paar Wochen untersuchte, erwartete Catherine jedoch eine noch größere Überraschung.

»Keine Veränderung«, sagte der Arzt, »die Tumoren sind alle noch da. Aber … sie scheinen nicht weiterzuwachsen.«

»Dann befindet sich die Krankheit in Remission?«

Der Arzt antwortete nicht. Er wußte so gut wie Catherine, daß in ihrem Fall eine Genesung unmöglich war. Aber Catherine ging es gut. Bald entließ sie sogar ihre Schwestern.

Heute, neun Jahre danach, führt Catherine ein aktives Leben. Computertomographien zeigen immer noch die Krebsgeschwüre in der Leber und im Darm, aber sie nimmt keine Medikamente und ist nicht in Behandlung. Vier oder fünf Mal im Jahr hat sie Rückfälle, sagt sie, »dann lege ich mich ins Bett, bete, bis ich Erleichterung finde, stehe auf und mache weiter.« Den Rest der Zeit verbringt sie damit, andere Krebspatienten zu besuchen und die Botschaft vom heiligen Michael weiterzugeben.

»Menschen finden auf die sonderbarste Weise zu mir, und ich höre von vielen Heilungen und Remissionen. Und diejenigen, die sterben, sterben in Frieden. Ich weiß nicht, warum Gott mich auserwählt hat, aber ich bin Ihm dankbar dafür, daß Er es getan hat.«

Und Catherine ist auch noch für etwas anderes dankbar. Als ihr klar wurde, was geschehen war, schickte sie ihre Krankenhausberichte und einen Brief an Vater Anthony in Baltimore. »Ich bin so froh, daß sie mir das Flugblatt und die Medaille geschickt haben«, schrieb sie ihm. »Wie sie sehen, haben sie mir geholfen!«

Vater Anthony antwortete prompt und frohlockte über Catherines Neuigkeiten. »Aber sie sollten wissen, daß wir noch nie von Ihnen gehört haben«, fügte er hinzu, »und daß Sie nicht auf unserer Adressenliste stehen. Es gibt keine Unterlagen, die besagen, daß wir Ihnen etwas geschickt haben, und es hat uns auch niemand gebeten, es zu tun. Gott wirkt manchmal auf geheimnisvolle Weise, nicht wahr?«

Catherine bestreitet das nicht.

EINSICHT UND VERGEBUNG

Soll ein Mann einem Manne zürnen und Heilung von Gott dem Herrn erwarten?

SIRACH 28,3

Paul Musielak hat den Spitznamen »Wundermann«, denn er wurde nicht nur einmal auf wundersame Weise geheilt, sondern sogar zweimal. Im Juli des Jahres 1981 mehrten sich bei Paul, einem gesunden einundzwanzigjährigen jungen Mann, merkwürdige Symptome. Er kränkelte lediglich etwas, als ihn sein Arzt in das Houston-Northwest-Medical-Center überwies. Ein paar Tage darauf jedoch war Paul gelähmt und blind. »Wir glauben, Ihr Sohn hat eine spinale Meningitis«, offenbarte der Arzt den schockierten Eltern. Trotz der Behandlung änderte sich an Pauls Zustand nichts, und schließlich wurde diese Diagnose wieder verworfen. Die ratlosen Ärzte schickten ihn schließlich ins Sharpton-General-Hospital zu einem angesehenen Neurologen.

»Tag für Tag beteten Pauls Mutter, ich selbst, oder wer immer ihn besuchte, für seine Genesung,« sagt Pauls Vater Richard. Aber nichts geschah. Paul konnte sich weiterhin weder bewegen noch konnte er sehen. Schließlich rief Richard einen Freund an, der Pfarrer war, und als die beiden Männer eines Abends mit Paul alleine waren, beteten sie.

Paul kann sich an diesen Abend nur dunkel erinnern. Aber er erinnert sich an den Pfarrer.

»Er sagte, ich solle mir Jesus vorstellen«, sagt Paul. »Und das tat ich. Und schon lief ich durch einen Tunnel, der wie ein Kaleidoskop von Farben war, schön und hell und licht ... Und am Ende sah ich tatsächlich Jesus.«

Paul war zwar wieder bei Bewußtsein, aber ein tiefer Friede überkam ihn. Als ihn sein Vater in das Badezimmer trug, fühlte er sich viel besser. Zwei Tage später verließ er das Krankenhaus. Er war wieder völlig gesund.

Seine Familie hat nie herausgefunden, was für eine sonderbare Krankheit Paul gehabt hat, aber alle sind froh und dankbar, daß er genesen ist. Aber das war nur das erste Wunder.

Zwei Jahre später fuhr Paul an einem Freitag abend auf den Parkplatz eines Supermarktes und stieg aus dem Auto.

Plötzlich traf ihn der Schlag eines Knüppels im Gesicht – immer und immer wieder schlug man auf ihn ein. Er war in einen Streit zwischen zwei jungen Männern geraten, und ohne sie provoziert zu haben, prügelten sie gnadenlos auf ihn ein.

»Laß uns von hier verschwinden!« sagte der eine, als Paul zusammensackte. Das war das letzte, an das er sich erinnern konnte.

Richard Musielak war schon im Bett, als ihn der Anruf der Polizei erreichte. »Ihr Sohn ist im Krankenhaus«, teilte man ihm mit. »Sie kommen besser her.«

Richard eilte ins Krankenhaus und hielt erschrocken am Eingang zum Zimmer seines Sohnes inne, kaum in der Lage, in das entstellte Gesicht zu blicken. »Pauls Augen waren geschwollen und blutig, und es war nicht sicher, ob er für immer sein Augenlicht verlieren würde«, sagt Richard. »Er hatte Quetschungen, einen Schädelbruch und wahrscheinlich ein gebrochenes Nasenbein. Die Ärzte befürchteten, daß er eine Hirnschädigung davongetragen hatte. Er war furchtbar zugerichtet.«

»Paul, wer hat dir das angetan?« fragte Richard entsetzt,

beinahe zu ängstlich, den blutigen Körper dort im Bett zu berühren. Aber Paul konnte ihm nicht antworten, und auch die Polizei tappte im Dunkeln. Zeugen hatten angenommen, daß Paul sich mitgeprügelt hätte, doch niemand wußte genau, was passiert war.

Bestürzt und frustriert fuhr Richard nach Hause. Während der Fahrt kochte er vor Wut. Er würde sie zu fassen bekommen. Er würde die Mistkerle kriegen, die seinem geliebten Sohn das angetan hatten, und er würde ... Als er sich vorstellte, wie er einen Baseballschläger kaufte, sie aufspürte und ihre Kniescheiben zerschmetterte, bevor er sie der Polizei übergab, bekam er rasendes Herzklopfen. Als er nach Hause kam, war seine Frau außer sich. Er beruhigte sie, so gut er konnte. Anschließend lag er die ganze Nacht wach.

Als der Morgen dämmerte, hatte Richards Plan Formen angenommen. Er würde Steckbriefe anschlagen, dort, wo das Verbrechen begangen worden war. Dann würde er die Straßen ablaufen und für Hinweise von denen, die etwas wußten, eine Belohnung aussetzen. Er wurde immer zorniger, besonders am Nachmittag, als er Paul erneut besuchte. Sein Zustand hatte sich nicht gebessert.

Pauls Mutter, seine Brüder und Schwestern waren niedergeschmettert. Sie besuchten ihn und beteten. Richard jedoch hatte keine Zeit für Gebete. Er hatte eine andere Aufgabe.

Am nächsten Morgen, es war ein Sonntag, ging er allein zum Gottesdienst, aber er zollte dem Altar wenig Aufmerksamkeit. Er dachte nur an das, was vor ihm lag. Die Verbrecher zu finden, sie zu schlagen, ihnen zurückzuzahlen, was sie Paul angetan hatten ...

Dann realisierte Richard, worüber der Pfarrer predigte. Ironischerweise über Vergebung. *Nicht heute*, sagte Richard beinahe laut. Das war heute das letzte, was er hören wollte. Aber die Botschaft ließ ihn nicht los, sie brannte sich in seine Seele.

Der Pfarrer las aus Matthäus 5,23-24: »*Darum, wenn du deine Gabe auf dem Altar opferst und wirst allda eingedenk, daß dein Bruder etwas wider dich habe, so laß allda vor dem Altar deine Gabe und gehe zuvor hin und versöhne dich mit deinem Bruder, und alsdann komm und opfere deine Gabe.*« Die Worte waren ihm vertraut. Richard kannte sie noch aus seiner Kindheit, und er hatte immer gedacht, er hätte sie verstanden und würde nach ihnen leben. Aber diesmal war es anders.

Sicherlich meinte Gott nicht *ihn*. Nicht jetzt, nicht in dieser Situation! Er *konnte* diesen Männern nicht vergeben – sie verdienten es, bestraft zu werden! Und doch – er mußte von seiner Wut geheilt werden und seinen Racheplan aufgeben. Es würde letzten Endes nichts Gutes dabei herauskommen. Es würde Paul, seiner Frau und seiner Familie nicht helfen, wenn er, Richard, wegen tätlichen Angriffs verhaftet wurde! Aber wie sollte er davon ablassen?

Er senkte den Kopf. *Gott, bitte, hilf mir,* betete er. Ich kann nicht vergeben. Ich will nicht vergeben. Aber, wenn Du von mir verlangst, daß ich es tue, werde ich gehorchen ... Er würde es nicht vergessen, das wußte er. Vergeben und vergessen waren zweierlei. Es war ein Akt des Wollens, nicht der Emotionen. Er würde sich erinnern, mit den Gefühlen und den Narben im Gesicht seines Sohnes leben lernen und dennoch vergeben.

Als Richard die Kirche verließ, fühlte er sich nicht viel besser. Also fuhr er ins Krankenhaus, um Paul zu besuchen. Er stieg aus dem Fahrstuhl. Eine Krankenschwester wartete schon auf ihn. »Mr. Musielak, wir haben keine Erklärung«, fing sie an.

»Erklärung wofür?«

»Es geht um Paul. Er –«

»Paul!« Hatte sein Zustand sich verschlechtert? Richard

rannte den Korridor entlang in das Zimmer – und blieb wie angewurzelt stehen.

Paul saß in seinem Bett, und sein Gesicht war fast unversehrt. Keine Quetschung, nicht eine Schramme verunstaltete seine Züge. Auch seine Augen sahen wieder normal aus, keine Spur von blauen Flecken oder Schwellungen. »Der Schädelbruch ist auf den Röntgenaufnahmen nicht mehr zu erkennen«, teilte ihm eine andere Schwester mit. »Er scheint in Ordnung zu sein.«

Richard dachte an den blutüberströmten Körper, den er gestern gesehen hatte. »Wie kann das sein?« fragte er ungläubig. Die Schwester schüttelte den Kopf.

Paul wurde am Montag entlassen, denn die Ärzte hatten keinen Grund, einen offenbar gesunden Mann länger dazubehalten, und gesund ist er bis heute geblieben. Auch sein Vater ist seitdem ein anderer – physisch, emotional und ganz besonders spirituell. Die bewußte Entscheidung zu vergeben war vielleicht die schwerste, die Richard je getroffen hat. Aber der Lehrmeister in ihm hat dieses Opfer geehrt – und ihm ein Geschenk gegeben, das er sein Leben lang wertschätzen wird.

HELFENDE HÄNDE

... und nicht empfangen die Verheißung, daß Gott etwas Besseres für uns zuvor ersehen hat ...

DER BRIEF AN DIE HEBRÄER 11,39-40

Wilma Phillips leidet seit ihrem dreiundzwanzigsten Lebensjahr an Diabetes, aber trotz mehrerer ernster Zwischenfälle fühlt sie sich beschützt.

Eines Morgens winkte Wilma ihren acht- und neunjährigen Kindern, die im Schulbus fortfuhren, hinterher. Dann legte sie ihren neugeborenen Robby ins Kinderbettchen und brachte die neunzehn Monate alte Suzy ins Laufgitter. Endlich Ruhe! Jetzt konnte sie einen Brief schreiben. Wilma setzte sich an den Küchentisch. So gegen neun Uhr dreißig aber fing sie plötzlich an zu schwitzen, und ihr wurde schwindelig. Wilma wußte, sie hatte eine unerwartete – und gefährliche – Insulinreaktion, und sie mußte einen Schluck Orangensaft trinken oder etwas essen. Ihr Blutzuckerspiegel war zu niedrig. Wilmas Schwiegervater, ein Arzt, hatte ihr oft gesagt, daß eine solche Situation auch zu einem Koma führen könne – und dieses Koma sogar zum Tod. Aber sie war mit ihren Babys alleine und schon zu schwach. Sie konnte nicht einmal mehr zum Kühlschrank gehen. Wie schön wäre es jetzt, einfach nur zu schlafen ...

»Plötzlich spürte ich eine Hand auf meiner Schulter, die mich so fest schüttelte, daß ich aufschrak«, sagte sie. War Robert, ihr Mann, unerwartet nach Hause gekommen? Aber es war niemand in der Küche. Sie sank erneut vornüber. Und wieder rüttelte sie diese Hand wach.

Das Ganze wiederholte sich nun mehrfach. Wilma verlor das Bewußtsein und wurde von dem unsichtbaren Beschützer wachgerüttelt. Wie aus großer Ferne hörte sie Susan im Laufgitter schimpfen, weil sie ihr Mittagessen nicht bekam. Aber nach einer Weile wurde das Kind still. Robby schlief die ganze Zeit, obwohl er naß war und auch er nicht gefüttert wurde.

Die Stunden verstrichen. Um vier Uhr fünfzehn kamen endlich ihre älteren Kinder zurück. Wilma saß noch immer da, war jedoch bei Bewußtsein. »Mom!« rief eines ihrer Kinder bestürzt und holte ihr schnell ein Glas Orangensaft.

Obwohl sie sich in einem Koma befunden und beinahe hirntot gewesen war, ging es Wilma gut, auch wenn ihr Schwiegervater auf der Meinung beharrt, daß solch eine Genesung so gut wie unmöglich ist. Und warum haben die Babys nicht geweint? »Ich bin sicher, daß Gott an jenem Tag einen Engel ins Haus geschickt hat«, sagt Wilma.

Ein paar Jahre später fuhr die Familie für ein Wochenende von ihrer Farm in Iowa aus nach Wisconsin. Freitag nacht übernachteten sie in einer Kleinstadt. Am nächsten Morgen dann wollte sich Wilma Insulin spritzen, aber sie konnte es nirgends finden. »Ich erinnerte mich, daß ich meine Tasche auf den Eßtisch gelegt hatte«, sagte sie. Hatte sie sie dort vergessen? »Wir fahren zu einer Apotheke und kaufen, was du brauchst«, beruhigte Robert sie.

Aber es war Sonnabend, und die Läden hatten geschlossen. Die Familie fuhr weiter, und das Auto fing auf einmal an, merkwürdige Geräusche von sich zu geben. Was, wenn sie jetzt auf dieser Landstraße liegenblieben? *Was* würde mit Wilma geschehen, wenn sie nicht irgendwoher Insulin bekam.

In diesem Augenblick vernahm Wilma eine klare Stimme:

»Ich werde euch in Reedsburg versorgen«, sagte eine unsichtbare Person bestimmt.

»Hast du das gehört?« fragte sie Robert.

»Was?«

Wilma wußte nicht, was sie sagen sollte. Hatte sie schon Halluzinationen? Und wo lag überhaupt Reedsburg?

Bald erreichten sie eine Stadt. »Vielleicht hat hier etwas offen«, sagte Robert.

»Nein«, erwiderte Wilma. »Das ist nicht Reedsburg.«

»Wilma, wovon sprichst du?« fragte Robert, inzwischen etwas aufgebracht.

Aber Wilma hatte recht. Alle Geschäfte waren geschlossen, und sie fuhren weiter. Das Auto machte immer noch sonderbare Geräusche, die Kinder hatten Hunger, und Wilma war skeptisch. Genau in diesem Moment fuhren sie an einem Schild vorbei. Reedsburg!

Vor ihnen lag eine Tankstelle. Sie bogen ab, und der Tankwart schaute sich den Wagen an. Es war nur ein kleines Problem, und während der Mechaniker es behob, erklärte Robert, daß Wilma Diabetikerin war und Insulin benötigte. »Unsere Apotheke hat noch nicht auf«, sagte der Tankwart, »aber vielleicht kriegen sie im Krankenhaus eine Spritze.« Er erklärte ihnen den Weg, und Robert beeilte sich weiterzufahren. Nach ungefähr einer Meile jedoch merkte er, daß er sich verfahren hatte. Inzwischen war Wilma ernsthaft besorgt. Die Kinder hatten sich schließlich auch auf diesen Ausflug gefreut, und sie wollte ihnen den Spaß nicht verderben. *Gott*, betete sie im Stillen, *wenn du es warst, den ich gehört habe, dann, bitte, hilf uns …*

In diesem Moment kam ihnen ein Auto entgegen. »Wissen Sie, wo das Krankenhaus ist?« rief Robert der Fahrerin zu.

»Ist jemand krank?« rief die Fahrerin zurück.

»Meine Frau braucht Insulin –«, fing Robert an, aber die Insassin des Wagens unterbrach ihn.

»Fahren Sie rechts ran«, sagte sie. »Ich bin selbst Diabetikerin und ich habe alles zu Hause, was ihre Frau braucht.«

Sie wendete, fuhr davon und war nach einer kurzen Zeit zurück, und zwar mit der richtigen Marke Insulin, Einwegspritzen und destilliertem Alkohol. Innerhalb von Minuten ging es Wilma besser. Die Familie fand schließlich eine Apotheke, wo sie weiteres Insulin kauften. Später suchten sie in der Nähe von Dells ein Hotel für die Nacht.

Aber die Zimmer waren alle viel zu teuer. Wilma erinnerte sich wieder an die Worte, die sie gehört hatte. »Warum fahren wir nicht nach Reedsburg zurück«, schlug sie vor. Und tatsächlich fanden sie dort ein großes und preisgünstiges Zimmer.

Endlich! Sie brachten ihre Taschen aufs Zimmer und wollten dann ein weiteres Mal nach Dells fahren. »Warte – ich muß noch etwas aus meinem Koffer holen«, sagte Wilma. Sie machte ihn auf, und da war ihre vermißte Arzneitasche. »Ich weiß, daß sie nicht hier war, als ich nachgeschaut habe«, sagte sie. Aber Gott hatte versprochen, immer für sie zu sorgen, und das hatte Er auch getan, auf seine Weise.

DIE VISION AUF DER WINDSCHUTZSCHEIBE

Was ist ein Wunder, Andy?
Gott.
Ist das alles?
Gott paßt auf dich auf.

SANDRA PRATT MARTIN,
»BITE YOUR TONGUES«

An einem klaren Herbsttag 1970 kam die zwölfjährige Anne Tichenor lachend nach Hause. »Wir sind Fahrrad gefahren, und ein Junge bewarf uns mit Fallobst«, erzählte sie ihrer Mutter Cynthia Goldsberry. »Ich wurde am Auge getroffen.«

Cynthia mußte sich ein Lachen verkneifen. Heutzutage flirtete die Jugend anders als zu ihrer Zeit, aber ihrer Tochter hatte es gefallen! Annes linkes Auge war offenbar unverletzt geblieben. Später, Cynthia telefonierte gerade, schrie Anne jedoch plötzlich wie am Spieß. »Mom! Mom!« Sie hatte jetzt nicht nur große Schmerzen in ihrem Auge, sie konnte auch nichts mehr sehen.

Cynthia fuhr eiligst mit ihr zu einem Augenarzt. Die Diagnose war nicht gut. Annes Auge blutete innerlich, im Medizinerdeutsch heißt das traumatisches Hyphaema und konnte zu permanenter Blindheit führen. Beide Augen mußten verbunden werden. Anne brauchte in den nächsten fünf Tagen absolute Ruhe, und ihr Kopf sollte etwas erhöht liegen, damit sich das Blutgerinnsel löste.

»Ich kann einen Krankenwagen rufen, oder Sie fahren Ihre Tochter ins Krankenhaus«, sagte der Arzt. »Wichtig ist, daß sie nicht hin- und hergerüttelt wird.« Er verband ihr die Augen, und Cynthia trug sie zum Auto.

Die Fahrt zum Krankenhaus wird Cynthia immer unvergeßlich bleiben. »Ich war wie benommen«, sagt sie. »Ich nahm nur Seitenstraßen, fuhr etwa zehn Meilen die Stunde, und die ganze Zeit versuchte ich mir klarzumachen, daß Anne vielleicht ihr Augenlicht verlor.«

Auch Anne hatte begriffen, in welcher Gefahr sie schwebte. Auf dem Weg bat sie ihre Mutter, ihr die roten und gelben Blätter zu beschreiben, die Vögel, sogar die Wolken am Himmel, so als sähe sie sie vielleicht nie wieder.

Im Krankenhaus wurde Anne schnellstens fortgetragen, und Cynthia versuchte, ihren Mann anzurufen, der auf einer Geschäftsreise war. Erfolglos. Als sie Anne wiedersah, lag sie in einem Bett, die Augen verbunden. »Ich nahm ihr Haar wahr – die Schwestern hatten es über ihrem Kopf auf das Kissen gelegt«, sagte Cynthia. »Anne lag nie so im Bett.« Es war bereits spät, und Cynthia mußte sich um ihre anderen Kinder kümmern. Sie gab ihrer Tochter einen Kuß und fuhr nach Hause. Erst jetzt ließ sie ihren Tränen freien Lauf.

Am nächsten Morgen, bevor sie zur Arbeit fuhr, rief Cynthia zwei Freunde aus ihrer Gemeinde an und bat sie, für Anne zu beten. Sie waren schockiert und traurig, als sie von dem Unglück hörten, denn sie kannten Cynthias Kinder und mochten sie gerne.

»Es ist eine Tragödie«, erzählte Norma ihrem Mann Jim, als sie das Haus verließen. »Anne kann vielleicht nie wieder sehen.«

Jim mußte den ganzen Tag an Anne denken. Es war furchtbar. Aber wie konnte er ihr helfen? Er war zwar ein gläubiger Christ, aber er hatte noch nie um etwas Bestimmtes gebetet. Er wußte gar nicht, wie er das anstellen sollte.

Aber brauchte man wirklich besondere Kenntnisse? Da lag

dieses Kind, ein Kind Gottes, im Krankenhaus. Und hier war er, bereit, alles zu tun. Als er an diesem Abend nach Hause fuhr, holte er tief Luft. »Jesus«, sagte er laut vor sich hin, »Anne braucht diese Probleme nicht. Bitte kümmere dich gleich darum.«

Jim näherte sich einem Stoppschild. Er wurde langsamer, und es war ihm, als schiebe sich ein Vorhang vor seine Windschutzscheibe, es sah beinahe aus wie ein Fernsehbildschirm. Er konnte eine Szene sehen. Es war ein Krankenhauszimmer, und es lag jemand im Bett ... Nanu, war es Anne? Ja, er konnte sie deutlich erkennen. Beide Augen waren verbunden. Und ihr Haar ... Er hatte es noch nie so gesehen, es war wie ein Fächer auf dem Kissen ausgebreitet.

Aber Anne war nicht allein. Neben ihr, am Kopfende des Bettes, nur bis in Brusthöhe erkennbar, stand die leuchtende Gestalt eines großen Mannes. War er Arzt? Nein. Dieser Mann hatte ein merkwürdiges weißes Gewand an.

Verblüfft schaute Jim zu, wie die Hand des Mannes sanft Annes linkes Auge bedeckte. Es war eine heilende Geste – und ihm wurde klar, daß sein Gebet erhört worden war. Langsam verblaßte das Bild, und das Stoppschild wurde wieder sichtbar. Erschüttert fuhr Jim nach Hause. Er rief sofort Cindy an. »Sind beide Augen von Anne verbunden?« fragte er direkt und ohne Einleitung.

»Ja. Woher weißt du das?«

»Welches Auge ist verletzt?«

»Das linke Auge«, erwiderte Cindy. »Warum?«

Aber Jim konnte nicht darüber sprechen, nicht, bis er Zeit gehabt hatte, über alles nachzudenken – und sich zu wundern. Nach fünf Tagen brachte Cindy Anne, deren Augen immer noch verbunden waren, zum Arzt.

»Seitdem Jim mir erzählt hatte, was er gesehen hatte, machte ich mir keine Sorgen mehr«, sagt Cynthia. »Aber Anne war dann doch so lange im Sprechzimmer des Arztes, daß ich anfing zu zweifeln.«

Endlich kam der Doktor in den Warteraum. »Es ist wunderbar«, sagte er. »Ich hatte erwartet, daß Anne mindestens dreißig Prozent ihres Sehvermögens verliert, vielleicht sogar mehr, aber beide Augen sind absolut in Ordnung. Es ist, als sei nie etwas geschehen.«

Alle wissen jedoch, *daß* etwas geschehen ist. Gott war gekommen und hatte ein Wunder vollbracht.

DER KREIS DER LIEBE

Denkt an den Traum des Vaters und die Mühen, die Er auf sich nahm, als Er diese Welt für Seine Kinder erschuf. Denkt immer daran, wenn ihr Ihn lobpreist, jedesmal, wenn ihr tiefes Mitleid für jemanden empfindet, ihr spiegelt Sein Licht wider.

MAX LURADO, SEPTEMBER 1992

Im November 1991 bemerkte Dianne Mistleske erste Anzeichen von Malaria. Es ängstigte sie nicht sonderlich, sie sorgte sich nur, daß ihr Leben als Ehefrau, Mutter und Mitarbeiterin bei Habitat, einer Hilfsorganisation, für kurze Zeit unterbrochen würde.

»Ich hatte oft Malaria gehabt, als ich noch Laienmissionarin in Tansania war, und ich wußte, man fühlte sich schon bald nach Beginn der Behandlung besser«, sagt sie. Also begab sie sich für fünf Tage in ein Krankenhaus und wurde dann nach Hause geschickt, sie war angeblich auf dem Weg der Besserung.

»Zuhause« war jedoch nicht der normale amerikanische Alltag, das gewöhnliche amerikanische Leben, sondern Botswana in Afrika. Dianne hatte nach dem College für eine Missionsorganisation in Minneapolis gearbeitet und dort ihren zukünftigen Mann kennengelernt. »John trat schließlich ins Friedenskorps ein und ging für zwei Jahre nach Botswana«, sagt Dianne. »Als er zurückkehrte, heirateten wir und beschlossen, wieder nach Übersee zu gehen.« Sie wurden noch einmal für zwei Jahre zurück nach Afrika geschickt.

»Es gibt dort ein Sprichwort, in dem es heißt, wenn man

sich einmal an den Dornen Afrikas sticht, hat man Afrika für immer im Blut«, sagt Dianne lächelnd. Sie wußte nicht, daß sich ihre Arbeit für das Friedenskorps zu einer Lebensaufgabe entwickeln würde.

Genauso kam es jedoch – aber erst, als die Zeit der Mistleskes dort abgelaufen war und sie zurückkehrten, um an einer Schule in New Mexico zu unterrichten. Sie vermissten Afrika so sehr, daß sie für mehrere Aufträge dorthin zurückkehrten und sich schließlich in Botswana niederließen, wo sie das Projekt für Habitat leiteten, einer weltweiten philanthropischen Organisation, die ihre Basis in Georgia hat und Unterkünfte für in Not geratene Menschen errichtet.

Innerhalb von nur zwei Jahren wuchs ihre anfangs kleine Familie auf sieben Personen an. »Da mir gesagt worden war, ich könnte nicht schwanger werden, adoptierten wir zwei Kinder in Afrika«, sagt Dianne. Kurz darauf wurde Dianne zweimal schwanger! Schließlich rundete ein drittes Adoptivkind die Familie ab. Es war also ein munteres und ausgefülltes Leben, das Dianne wieder aufnehmen wollte, sobald sie sich von der Malaria erholt hatte. Mit ihrer Buchhaltung und der Arbeit mit Familien, die Habitat als Hauseigentümer ausgewählt hatte, war sie schon weit im Rückstand. Sie wollte so schnell wie möglich alles nachholen. Aber aus einer Woche wurden rasch drei. Dianne fühlte sich schwächer und schwächer, und eines Morgens sah sie ganz unnatürlich gelb aus. Die Malaria hatte zu akuter Hepatitis geführt.

Auf drei Wochen im Krankenhaus folgten zwei Monate zu Hause. Sie versuchte sich zu fangen, aber sie war nach wie vor vollkommen erschöpft und hatte Schmerzen in der Leber. »Viele Leute, die schon Hepatitis gehabt hatten, sagten mir, man erhole sich nur langsam«, sagt Dianne, »und ich zwang mich, meine Verantwortungen für Familie, Haus und Arbeit zu erfüllen.« Aber jeder neue Tag war wie das Besteigen eines Berges. Die Schmerzen und die Müdigkeit ließen nicht nach.

In den Monaten Juli und August hielt sich ihr Arzt in den Vereinigten Staaten auf, und Dianne verpaßte die üblichen Lebertests. Auch hatte sie das Gefühl, sie mache Rückschritte und »jede Kleinigkeit wurde mir zur Qual.« Im September suchte sie schließlich einen Spezialisten auf.

»Sie müssen für weitere Tests nach Johannesburg«, sagte er.

»Steht es sehr schlecht?« fragte Dianne.

»Sie haben möglicherweise eine chronische Hepatitis oder einen Tumor, vielleicht sogar Krebs oder die Nachwirkungen von rheumatischer Arthritis«, sagte er sanft. »Ja, sie leiden an einer akuten Leberunterfunktion, und es ist ernst.«

Dianne und John hatten schon immer an die Kraft von Gebeten geglaubt. Und nun machten sie die Probe aufs Exempel. Sie telefonierten mit der Familie und Freunden, der Kirchengemeinde und dem Personal des Habitat in den USA. »Betet« war das Wort, das um die Welt ging, an alle Menschen in all den kleinen Städten, in denen die Mistleskes gearbeitet und anderen geholfen hatten. »Jetzt müssen wir Dianne helfen.«

Dann waren die Nachbarn an der Reihe, Muslime und Hindus, einige von ihnen waren Lehrer, andere freiwillige Mitarbeiter des Habitatprojekts. Der Sozialarbeiter, der ihre kleine Tochter gefunden hatte, die Ladenbesitzer, von denen sie jeden Tag freundlich begrüßt wurden, die Kinder. Als sie sich auf Johannesburg vorbereiteten, spürten John und Dianne die Liebe all dieser Menschen um sie herum, die ihnen Mut machte und Auftrieb gab. Sie konnten mit allem fertig werden, was immer es war, dessen waren sie sich sicher. Gott und Seine Leute waren bei ihnen.

Während der folgenden Woche in Johannesburg machte

Dianne alle Tests mit, die es gab. Die verblüffende Diagnose lautete: Ihr fehlte nichts. Überhaupt nichts.

»Ihre Leber ist völlig normal«, teilte ihr der Arzt schließlich mit.

»Wie kann das sein?« fragte sie, und die Tränen liefen ihr über das Gesicht.

Er hob die Schultern. »Ich habe keine Erklärung dafür.«

»Ich weiß, daß Gott mich aus einem bestimmten Grund geheilt hat, und ich bete, daß ich erkennen werde, wie ich Ihm folgen und Ihn lieben kann«, sagt Dianne heute, die in Botswana viel zu tun hat und vor Gesundheit strotzt. »Ich bin überwältigt, wie viele hilfsbereite Menschen zu diesem Wunder beigetragen haben.«

Denn auch dies ist ein Wunder. Ein weniger leicht erkennbares vielleicht, aber nichtsdestotrotz ein echtes Wunder. Für eine kurze Zeit wurden Gebetsteppiche ausgerollt, Räucherstäbchen angezündet und Trommeln und Gesänge erklangen; manche lasen aus der Bibel, andere beteten den Rosenkranz, wieder andere zündeten geweihte Kerzen an und hielten sich an den Händen. Menschen aller Hautfarben und aller Glaubensrichtungen. Und für Dianne haben sie sich miteinander verbunden.

Vielleicht ist das nur der Anfang.

Buch fünf

DIE BESONDEREN WUNDER GOTTES

GOTTES GRENZENLOSE LIEBE

Ich besinge die Allmacht Gottes
Die die Gebirge sich erheben ließ
Die die wogenden Ozeane ausbreitete
Und das erhabene Zelt des Himmels
schuf ...

ISAAK WATTS, »I SING THE MIGHTY
POWER OF GOD«

Ich hatte gerade meine Tochter im Krankenhaus in Sparta, New Jersey, besucht und war auf dem Weg nach Hause«, sagt Mattie Houlden. »Es war fürchterlich stürmisch, wie bei einem Hurrikan, und es regnete in Strömen.« Schlimmer noch, ihr Auto war leicht und schaukelte im Wind.

Immer wieder brachten Windböen sie von der Straße ab. Mattie betete jedesmal um Hilfe, wenn sie den Wagen wieder auf die Straße lenkte. Ihre Schultern schmerzten schon vor Anstrengung, als sie endlich die Abkürzung erreichte. Sollte sie sie nehmen? Sie würde schneller zu Hause sein. Aber die Straße war menschenleer.

Wieder schüttelte eine Böe das Auto, und Mattie faßte einen Entschluß. Sie bog ab, rutschte auf die holprige Straße – und starrte fassungslos geradeaus. Kein Regen schlug gegen ihre Windschutzscheibe, kein heulender Wind, da war nichts außer einer sternenklaren Nacht. Glücklich fuhr Mattie nach Hause.

»Ich weiß, daß Stürme nicht an irgendwelchen Ecken aufhören«, sagt sie, »also brauchte ich nur Gott zu danken.«

Vic* spendete regelmäßig fünf Prozent seines Nettogehaltes, um armen Leuten zu helfen. Aber als seine Familie in finanzielle Schwierigkeiten geriet, wollte Vic damit aufhören: Trug er nicht zu allererst Verantwortung für seine Leute? »Gott«, sagte er schließlich. »Ich sorge auch weiterhin für Deine in Not geratenen Kinder, aber bitte versichere mir, daß Du auch für uns sorgst.«

Am Wochenende darauf mußte Vic seinen Wagen volltanken. Und erst da bemerkte er, daß er schon seit letztem Samstag nicht mehr getankt hatte. Obwohl sein Auto jede Woche genau eine Tankfüllung verbrauchte, war er sieben weitere Tage mit offenbar leerem Tank gefahren.

Das war die Vergewisserung, die Vic brauchte. Gottes Edelmut könnte er nie überbieten.

Ray erzählte den Zuhörern des Radiosenders WEZE in Boston, was ihm am Morgen nach dem Schneesturm passiert war. »Mehrere Male versuchte ich anzurufen, aber die Leitung war tot«, sagte er. »Also besah ich mir den Bürgersteig und beschloß, Schnee schaufeln zu gehen.«

Als Ray jedoch seine Stiefel anzog, klingelte das Telefon. Es war sein Bruder, und sie sprachen kurz miteinander. Ray war froh, daß die Telefonverbindung wiederhergestellt war. Er legte auf und öffnete die Tür.

»Auf dem Bürgersteig lag ein unter Spannung stehendes Kabel« sagte er. »Es mußte während meines Telefonats gerissen sein, und ich hätte sicher einen Stromschlag bekommen, hätte mein Bruder nicht angerufen.«

Ray wollte seinen Bruder zurückrufen, um ihm zu erzählen, welch ein Glück er gehabt hatte. Aber die Leitung war tot, und so blieb es auch für den Rest des Wochenendes.

»Am Montag morgen, als der Telefondienst kam, erzählte ich dem Handwerker, daß ich am Sonnabend einen Anruf erhalten hätte«, sagte Ray.

Der Mann schaute mich entgeistert an. »Das kann nicht sein«, sagte er. »Seit Freitag funktioniert in dieser Gegend kein Telefon mehr. Die Leitungen waren vollkommen zerstört.«

Da wußte Ray, wer die Leitungen vorübergehend repariert hatte, nur für ihn.

Wir bewundern Gottes Allmacht über Donner und Wind, seine Vornehmheit in einem zarten Blatt oder einer klitzekleinen Ameise. Er hat das Universum erschaffen, und Er verfügt über jeden seiner Bestandteile.

Unter normalen Umständen sind Seine wissenschaftlichen Gesetze und Seine Logik maßgebend. Erdanziehungskraft, Wetter, Autos, Telefonkabel und andere Dinge arbeiten in einer bestimmten Reihenfolge. Energie vermehrt sich nicht. Menschen sind nicht zur selben Zeit an zwei Orten ... Aber wenn Wunder geschehen, kann und wird Gott solche Gesetze aufheben.

Warum sollte Gott so etwas tun? Vielleicht um Seine Macht und Seine Liebe zu zeigen. Eine Gruppe von Wissenschaftlern hat erst kürzlich die *tilma*, das ist der Umhang von Juan Diego, untersucht, einem armen Inkaindianer, der behauptet, 1584 die Jungfrau Maria gesehen zu haben. Auf der *tilma* ist das Abbild von Maria zu sehen, später auch die Muttergottes von Guadalupe genannt. Der Umhang ist aus Kaktustuch, einem Material, das sich schon vor Jahrhunderten in seine Bestandteile hätte auflösen müssen. Doch es ist erhalten geblieben, und es ist wunderschön. Der Kommentar eines Wissenschaftlers bringt die nun folgenden Geschichten auf den Punkt: »Gott hat die Natur erschaffen und Gott kann die Natur manipulieren, wie es Ihm gefällt.«

KOSTBARE SCHÄTZE

Wunder stehen nicht im Widerspruch zur Natur, nur im Widerspruch zu dem, was wir von der Natur wissen.

AUGUSTINUS

Eine Frau schrieb mir in einem Leserbrief, sie fühle sich alleingelassen und einsam. Sie blickte aus ihrem Hotelzimmer auf einen Magnolienbaum, dessen Knospen geschlossen waren. Wie sehr wünschte sie sich, Gott möge ihr ein Zeichen schicken, daß Er in ihrer Nähe war und die Sehnsüchte ihres Herzens erhörte! Plötzlich öffnete sich vor ihren ungläubigen Augen eine Blüte und zeigte ihre herrliche Farbenpracht. *Ich habe noch ein Foto von dieser einzigen Blüte am Baum*, schrieb sie. *Gott läßt viele kleine Wunder geschehen, aber die meisten müssen mit dem Herzen gesehen werden.*

Auf ihrer Reise nach Colorado, dort hatte sie eigentlich ihre Flitterwochen verbringen wollen, trauerte Nancy um den Tod ihres Verlobten. Die Route war malerisch, aber sehr einsam.

Eines Tages mietete sich Nancy ein Auto und fuhr zur Spitze des Pikes Peak – dieser Berg lag fünftausend Meter über dem Meeresspiegel. Auf dem Gipfel wurde ihr jedoch plötzlich schwindelig, und der Berg verschwand in einer Wolke. »Keine Menschenseele war dort oben, und ich konnte nichts sehen, also lief ich zurück zu meinem Wagen«, sagte sie.

Da hörte ich eine innere Stimme: »Geh dahin zurück, wo

du gestanden hast.« Immer noch etwas benommen, haderte Nancy mit der Stimme, aber der Unbekannte blieb standhaft: »Geh!« Zögernd tastete sich Nancy zurück zu dem Handlauf.

In diesem Moment brach die Wolke auf. »Vor mir breitete sich ein Regenbogen aus, zehn oder zwölf Meter hoch, der aus den Bergen kam und bis ins Unendliche reichte«, sagte Nancy. Die Luft schien mit Elektrizität geladen, und sie konnte meilenweit sehen. Sie war gebannt und hingerissen. War der Regenbogen nicht ein Zeichen für Gottes feierliches Bündnis mit den Menschen, mit ihr? Erst nach ein paar Minuten schlossen sich die Wolken wieder. Aber diesen Moment, in dem Gott Nancy Seinen Trost schickte und ihr ein glücklicheres Morgen versprach, hat sie nie vergessen.

Gedankenverloren machte Kaylyn Dunne zusammen mit ihren Kindern einige Erledigungen. Sie war gerade von einem Wochenendtreffen ihrer Gemeinde zurückgekommen, bei dem der Schmetterling das Motto gewesen war – er war das universale Symbol für Veränderung und Metamorphose. Der Aufenthalt hatte den Wunsch nach einem tieferen spirituellen Leben in ihr geweckt, aber die ganze Sache bereitete ihr auch Kopfzerbrechen, denn man hatte ihr die Leitung der nachfolgenden Treffen angeboten. Kaylyn war noch nie Leiterin von irgend etwas gewesen, und sie hielt es für unangemessen. Ihr Terminkalender war schon voll, und sie mußte schließlich für ihren chronisch kranken Sohn sorgen. Wollte Gott wirklich, daß sie diese Aufgabe übernahm?

»Mom, schau mal!« rief der Junge plötzlich von der Rückbank des Autos. Kaylyn machte beinahe eine Vollbremsung. Im Auto, direkt vor ihr, flog ein Schmetterling, ein riesiger Monarchschmetterling. Er war von strahlendem Gelb, ihrer Lieblingsfarbe. Sie fuhr vielleicht fünfzig Stundenkilometer, und die Fenster waren nur einen Spalt weit offen – ihre

Töchter wollten nicht, daß ihr Haar durcheinandergeweht wurde – wie war er also hineingekommen?

Der geflügelte Besucher flatterte vorsichtig herum und setzte sich dann wie ein Wölkchen auf das Armaturenbrett. Ehrfürchtig beschauten die Kinder ihn. »Er hat sicher Angst«, sagte Kaylyn. »Macht die Fenster auf, und laßt ihn raus.«

Aber trotz des Windes blieb der Schmetterling sitzen. Kaylyn fuhr auf den Parkplatz der Bücherei. »Wir lassen die Fenster einfach eine Weile auf«, schlug sie vor. Als sie wiederkamen, saß der Monarchschmetterling jedoch immer noch anmutig auf dem Armaturenbrett, als warte er auf sie.

Nachdenklich machte Kaylyn ihre Erledigungen, fuhr nach Hause, kurbelte wiederum alle Fenster des Wagens hinunter, ging mit den Kindern ins Haus und wartete. Irgendwann kam der Schmetterling langsam heraus und flatterte um das Haus, als wolle er es umarmen, dann flog er davon.

»Ich fing an, über den Zeitpunkt seines Erscheinens nachzudenken; gleich nachdem ich gebetet hatte«, sagt Kaylyn. War das ein Zeichen Gottes, daß er in ihrer Nähe war? Kaylyn nahm die Stelle als Leiterin an, und es war ihr Weg zu einem erfüllteren Leben.

Seit diesem Tage bekommt Kaylyn oft Besuch von Schmetterlingen, besonders dann, wenn sie Zuspruch benötigt. Eine der schönsten Begegnungen passierte im letzten Winter. Als Freunde im Wohnzimmer für Kaylyns Sohn beteten, deutete jemand auf das Fenster und rief: »Seht doch!«

Es war ein kalter und verschneiter Januartag. Aber an das Fenster klopfte sanft – als wolle er Kaylyn an Gottes ständigen Schutz erinnern – ein brauner Schmetterling.

Blumen, Regenbögen, Schmetterlinge … sind die kostbarsten Schätze der Natur. Vielleicht benutzt Gott sie als Brücke zwischen Himmel und Erde, vielleicht will Er uns damit sagen, daß Er, während Er auf den Sperling achtgibt, auch über uns wacht.

HERR DER WINDE UND DES FEUERS

Die Menschen aber wunderten sich und sprachen: »Was ist das für ein Mann, daß ihm Wind und Meer gehorsam sind?«

MATTHÄUS 8,27

Es war im Juni 1984. Alberta und ihre Freundin Louise waren zu Besuch bei Verwandten in Lewis, Kansas. Plötzlich stürzte Louises Schwägerin bleich und aufgeregt ins Zimmer.

»Die Felder brennen!« rief sie.

Die Felder lagen genau zwischen ihnen und der Schule des Orts. Die Frauen liefen nach draußen. Sie konnten das Knistern der Flammen hören und sahen die Rauchschwaden. »Der Wind in Kansas ist stark und stetig, besonders über dem Flachland«, erklärt Alberta. Der Weizen war noch nicht abgeerntet, und bald würde das Feuer die Felder in ein Pulverfaß verwandeln.

Ihrer erster Gedanke galt Großmama. Sie hatte Arthritis und konnte sich kaum bewegen – und sie war allein. »Bete, Alberta!« rief Louise über die Schulter zurück, während sie die Straße entlang zu Großmamas Haus lief. Jetzt konnten sie die Flammen sehen, die von heftigem Wind gepeitscht wurden und auf das Schulgebäude zurasten.

Was für ein Inferno! Es dauerte sicher noch viele Minuten, bis die Feuerwehr kam, und bis dahin würden die Gebäude von den Flammen verschlungen sein. Menschen liefen durcheinander und schrien, aber Alberta schaute nach oben und bat Gott, sie zu beschützen. »Meine Arme nach oben gestreckt, lief ich die Straße entlang und beschwörte die Engel, die Winde zu beruhigen und das Feuer unter Kontrolle zu bringen«, sagt sie.

Die Großmama hatte schon das Haus verlassen und kam die Treppen hinunter. Louise schnappte sich einen Gartenschlauch. Von Ferne waren die Sirenen zu hören. »Dann passierte etwas Unglaubliches«, sagt Alberta. »Der Wind – dieser ewig blasende Kansaswind – legte sich. Ganz plötzlich.« Es war, als sei alles zum Schweigen gebracht worden. Selbst die Vögel hörten auf zu singen. Nicht ein Windhauch streifte Albertas Wange.

Kein Windzug fachte das Feuer mehr an, und innerhalb weniger Sekunden hielt es in seinem Vormarsch inne. Statt über die Felder hinwegzurasen, brannte es jetzt langsamer. Die Feuerwehr traf ein und bekam es schnell unter Kontrolle, nur ein paar Meter von der Schule entfernt.

»Wir dankten inbrünstig den unsichtbaren Mächten, die auf unsere Bitte hin zur Tat geschritten waren«, sagt Alberta. »Sie wirken wirklich auf geheimnisvolle Weise!«

Viele Jahre schon bewohnte Carol Rosen ein Haus in den Hügeln von San Diego. Immer, wenn sie fortmußte, segnete sie es, dankte Gott, daß er es beschützte und stellte sich vor, daß es in weißes Licht getaucht war.

Während eines besonders trockenen Septembers machte Carol einen Besuch in Idyllwild, einer Stadt in der Nähe von Palm Springs. »Während meines Aufenthalts hatte ich plötzlich eine Vision von meinem Haus, und darüber sah ich ein riesiges weißes Kreuz«, sagte sie. »Ich hatte keine Ahnung, was das zu bedeuten hatte, aber ich wußte, es war gut, und ich dankte Gott und segnete mein Haus.«

Ein paar Tage später fuhr sie wieder zurück nach San

Diego. Sie war erholt und erfrischt, trotz der Hitze und trotz des heißen Windes. Als sie fast zu Hause war, schaute sie auf – und sah zu ihrem Schrecken, daß der ganze Hügel in Flammen stand und schwarzer Rauch aufstieg. »Ich wagte es nicht, weiter hochzufahren«, sagt Carol. »Ich parkte am Fuße der Zufahrtsstraße, stand da und betete.« Der Hügel würde den Flammen zum Opfer fallen, das wußte sie, besonders in dieser Dürreperiode.

Die Feuerwehr traf erst nach einigen Minuten ein. Die Feuerwehrmänner liefen in ihren Asbestanzügen den Hügel hinauf und zogen schwere Schläuche hinterher, aber es war offenbar zu spät. Der Qualm war zu dick und die Flammen zu hoch, als daß Carol die Zerstörung sehen konnte. Aber mit dem Santa-Ana-Wind würde sich das Feuer schnell verbreiten.

Als jedoch die ersten Feuerwehrmänner den Hügel wieder hinunterkamen, waren sie fassungslos. »Wir haben das Feuer gelöscht«, klärte einer Carol auf. »Nicht ein Haus wurde in Mitleidenschaft gezogen – auf keinem der Hügel. Alles ist unbeschädigt. Wir verstehen es nicht.«

»Da wußte ich, was das Kreuz bedeutet hatte«, sagt Carol. »Wir alle standen unter göttlichem Schutz.«

EIN ENGEL IM BAUM

Alles, was ich sehe, lehrt mich, dem Schöpfer in allem zu vertrauen, was ich noch nicht gesehen habe.

RALPH WALDO EMERSON

Während des Zweiten Weltkriegs, als ihr Mann nach Übersee geschickt wurde, zog die junge Mildred Lee zu ihren Eltern. Genevieve, Mildreds fünfjährige Tochter, genoß es, der Liebling der Großeltern zu sein. Mildred aber hatte Angst um ihren Mann, der so weit weg war. Würde er fallen? Wie sollte sie ohne ihn klarkommen.

Eines Abends wurde die Angst übermächtig. Die kleine Genevieve wachte auf. Ihre Mutter schrie und wollte aus dem Schlafzimmerfenster steigen. »Da ist ein Engel im Baum«, schrie Mildred in einem fort. »Ein Engel ist vor dem Haus!«

Mildreds Eltern mußten all ihre Kräfte aufwenden, um sie daran zu hindern, aus dem Fenster zu springen. »Er ist riesig. Er hat ein schimmerndes Kleid an, und um ihn herum scheint das wunderbarste Licht«, weinte Mildred. »Er wird uns beschützen – ich weiß es genau. Bitte, laßt mich zu ihm!«

Vor dem Haus gab es zwei uralte Roßkastanien, eine an jeder Seite der Straße. Aber niemand hatte einen Engel gesehen. In den 40er Jahren erregten Menschen, die »Visionen« hatten, die besondere Aufmerksamkeit des Staates. Mildred wurde in eine Anstalt eingewiesen und erhielt während der nächsten zwei Jahre sechsunddreißig Schockbehandlungen, um ihren »Nervenzusammenbruch« zu heilen.

Genevieves Vater kehrte heil aus dem Krieg heim, nahm seine Tochter zu sich und zog in eine Stadt ganz in der Nähe. Schließlich wurde Mildred aus dem Krankenhaus entlassen. »Sie war ein anderer Mensch, fast wie ein Kind«, sagt Genevieve, »und Dad und ich mußten sie von Stund an betreuen.«

In jenen Tagen waren psychische Störungen ein Tabuthema. Alle Familienmitglieder taten so, als sei Mildred noch die alte. Aber wenigstens einmal am Tag, wenn niemand da war, der sie hören konnte, erzählte Mildred der kleinen Genevieve, daß sie etwas Besonderes waren, weil ein schöner Engel über sie wachte. »Ich kann ihn jetzt nicht sehen, weil er sich im Baum deiner Großeltern versteckt«, sagte Mildred, »aber ich weiß, daß er da ist.«

Mit siebzehn heiratete Genevieve Jim Weaver. Zur gleichen Zeit zogen ihre Eltern zu den kränkelnden Großeltern, um für sie zu sorgen; zurück in das Haus, wo Mildred den Engel gesehen hatte. Offenbar war der Engel noch immer da.

»Die Jahre gingen vorüber, und meine Mutter sprach immer öfter über und zu dem Engel«, erinnert sich Genevieve. Wenn jemand zu Besuch kam, beschrieb Mildred die Kleider des Engels oder das wunderbare Licht, das ihn umgab. Verwandte und Nachbarn saßen auf der Veranda im Schatten des großen Baumes und machten ernste Gesichter, während sie den Geschichten zuhörten und Mildreds verzückten Blick sahen. Langsam bildeten sie eine verschworene Gemeinschaft. Was machte es schon, wenn ihre unschuldige, verletzliche Mildred Halluzinationen hatte? Wem schadete sie? Und es war doch ein schöner Gedanke, oder nicht – daß ein Engel über das Haus wachte?

Genevieves Großeltern starben, dann ihr Vater. Plötzlich trug sie für ihre Mutter die volle Verantwortung. Es war einfacher für sie, wenn Mildred zu ihr zog, und so wurde es gemacht. Aber in dem unbekannten Haus fühlte sich Mildred wie eine verlorene Seele, und sie trauerte um den Engel, den sie zurückgelassen hatte.

Es gab Nächte, in denen ich die zwanzig Meilen zum Haus meiner Großeltern fuhr, das immer noch nicht verkauft war, dort saß und weinte«, sagt Genevieve. »Ich vermißte meinen Vater und wußte mir über das Unglück meiner Mutter keinen Rat. Aber manchmal hatte ich das Gefühl, daß die Antwort im Haus selbst zu finden war und daß alles gut werden würde.« Irgendwann beschlossen Genevieve und Jim, ihr Haus zu verkaufen und mit Mildred zurückzuziehen an den Ort, den sie immer so geliebt hatte.

Mildred war begeistert. Sie saß wieder auf der Veranda, sang Lieder und sprach zu dem Engel in ihrer geliebten Roßkastanie. »Bald bin ich bei ihr, bei ihm und bei deinem Vater«, erzählte sie Genevieve. Auch Genevieve war heiter. Das Haus, ja sogar der Baum, schienen sie willkommen zu heißen, sie zu trösten. Sie hatte die richtige Entscheidung getroffen.

Am 9. September 1989 starb Mildred. Nur ein paar Wochen danach kam Jim völlig konsterniert zur Tür herein. »Hast du den Baum gesehen?« fragte er seine Frau.

»Mamas Baum?« Genevieve hatte nichts bemerkt. Sie schaute aus dem Fenster, und es verschlug ihr die Sprache.

Am Tag der Beerdigung hing er noch voller Blätter. Jetzt war der Baum der Weavers verdorrt.

»Was ist geschehen?« fragte Jim. »Gesunde Bäume sterben nicht über Nacht.«

Genevieve schaute den Baum an. Wie ein treuer Schutzengel hatte er seine Flügel über die Familie gebreitet. Und in seiner Krone hatte ihre Mutter Trost gefunden. Genevieve würde den Baum vermissen. Aber er hatte nun seine Pflicht getan.

EINE VIELZAHL VON WUNDERN

Unter Wundern verstehen wir nicht ihren Widerspruch zur Natur. Auf ihre eigenen Reichtümer angewiesen, verstehen wir darunter, daß sie sie niemals hervorbringen kann.

C.S. LEWIS, »WUNDER. MÖGLICH – WAHRSCHEINLICH UNDENKBAR?«

Das achttägige jüdische Fest Chanukah erinnert an einen bestimmten Vorfall, der in der Bibel erzählt wird: Eine Tagesration Öl brannte acht Tage lang, um die Kinder Gottes zu beschützen. Jesus vermehrte mehr als einmal Brotlaibe und Fische, um seine Jünger zu sättigen. Und offenbar schuf Gott weiterhin Dinge aus dem Nichts, wenn seine Kinder sie brauchten.

Es geschah zum ersten Mal in El Paso, Texas, als im Jahre 1972 die Mitglieder einer kleinen Gemeinde Passagen aus der Bibel vorlasen, die die Vorbereitung eines Banketts betrafen. »Sondern, wenn du ein Bankett gibst, so lade die Armen, die Krüppel, die Lahmen, die Blinden, und du wirst gesegnet sein« (Lukas 14,13). Die Gruppe, angeführt von Vater Richard Thomas, beschloß, ihr Weihnachtsmahl mit mexikanischen Tagelöhnern und deren Familien in Juarez, Mexiko, zu teilen, notleidenden Menschen, die sich ihren Lebensunterhalt verdienen, indem sie Gegenstände auf den Müllhalden jenseits des Rio Grande suchen und sie später verkaufen. Die Gruppe benötigte mehrere Tage, um einen üppigen Tisch zu decken. Es hatte sich herumgesprochen, und mehr als dreihundert Gäste aus Juarez waren zugegen, zweimal soviele wie erwartet. Aber es gab viel zu essen. Erstaunt berichtete der Freiwillige, der die Schinken schneiden sollte, das sie nicht kleiner wurden, obwohl alle eine große Portion bekamen. Die Tortillas schienen sich auf den Tellern zu vervielfachen. Als alle gegessen hatten, wurden die Reste den Gästen mitgegeben.

Die Mitglieder der Gemeinde waren verblüfft. Aber ermutigt von den unerklärlichen großzügigen Gaben, beschlossen sie, mit dem weiterzumachen, was sie begonnen hatten, und unterstützen die Nachbarn aus Juarez weiter. Allmählich besserten sich die Dinge. Streitereien unter den Tagelöhnern wurden geschlichtet. Freiwillige aus beiden Städten errichten eine Farm, eine Fischzucht, eine Ziegelei und eine Zisterne. Physische Heilungen wurden zur Normalität, und spirituelle Gespräche ereigneten sich häufig.

So ist es bis zum heutigen Tage geblieben. Tortillamehl, Trauben von der Farm, Kondensmilch für die Kinder – sogar Kalk für das Verputzen der Häuser –, all das und mehr vermehrt sich auf geheimnisvolle Weise, berichten Zeugen. »Diese Vermehrungen sind nicht selten und sicher nicht vorhersehbar«, erklärt Vater Thomas. »Und obwohl wir versuchen, über alles Buch zu führen, ist es nur ein unzureichender Versuch, alles festzuhalten. Ehrlich gesagt, haben wir nicht genügend Leute, um über alle Wunder, die Gott hier vollbringt, auf dem laufenden zu sein.

Eileen Freeman, die Autorin von *Himmlische Begleiter*, hatte als Studentin ein ähnliches Erlebnis. Im Sommer '69 lebte sie in einer Gemeinde in Ann Arbor, Michigan. Die Männer und Frauen waren in getrennten Zimmern untergebracht, aßen aber jeden Abend zusammen. »Wir alle steuerten zu den Einkäufen bei, und jeden Abend kochte ein anderer«, sagt Eileen. »Gäste waren immer willkommen, ob sie nun der Gemeinde angehörten oder ob es nur Leute waren, die eine Mahlzeit nötig hatten.«

Eines Abends kochte Eileen, sie fand jedoch nur zwei Pakete Hackfleisch im Gefrierschrank. Obwohl sie Semmelmehl dazugab und andere »Streckmittel« benutzte, war der falsche Hase gerade groß genug für zwölf Leute. Und wenn nun unerwarteter Besuch kam?

Als sich alle zu Tisch begaben, fuhr ein Kombi auf die Einfahrt zu, und mehrere junge Männer sprangen heraus. Sie hatten an einem religiösen Treffen am Boston College teilgenommen und waren, weil sie es nicht erwarten konnten, ihre Erlebnisse der Ann Arbor-Gemeinde mitzuteilen, achthundert Meilen ohne Pause durchgefahren.

Natürlich wurden sie zum Abendessen eingeladen. Eileen zählte schnell durch. Neunzehn! Sie holte noch mehr Brot machte noch eine Kanne Kaffee und setzte sich zum Abendgebet. Jemand schnitt den falschen Hasen an und reichte die Platte herum.

»Es war ein tolles Abendessen. Die Gäste erzählten ihre Geschichten und was sie während des Treffens gelernt hatten«, erinnert sich Eileen. Es wurde gebetet, gesungen und gelacht. Und erstaunlicherweise war noch immer etwas vom falschen Hasen da. Die Platte war noch halbvoll, als sich jeder bereits ein zweites Mal genommen hatte, und immer noch halbvoll, als einige ein drittes Mal auftischten. Verwundert und froh dankten die jungen Menschen Gott, daß Er unter ihnen weilte.

Und das war noch nicht alles. Am nächsten Morgen war sogar noch genug für belegte Brote da!

Was, wenn nicht die *Quantität*, sondern die *Qualität* verändert werden muß?

Pat Mullins ist der Vorsitzende der Epheser, einer Gemeinde in Dublin, Kalifornien. Sie zählt fünfhundert Mitglieder.

Die Leute helfen einander, so gut sie können. Als Pat das Haus, das seine Tochter beziehen wollte, streichen mußte, boten ein Pilot, ein pensionierter Lehrer, ein Bauunternehmer und andere nette Menschen aus der Gruppe ihre Hilfe an. »Ich hatte nicht viel Geld, und da der Bauunternehmer einige Eimer Farbe aus seinem Schuppen übrig hatte, sagte er, wir sollten uns nehmen, was wir brauchten«, sagt Pat. »Ich wollte das ganze Haus in der gleichen neutralen Farbe streichen. Ich nahm also weiße Farbe, mischte sie mit ein bißchen blauer Farbe und fügte ein wenig Aprikose hinzu ... Irgendwann hatte ich einen Farbton, der mir gefiel, und ich dachte, es würde reichen.«

Es reichte nicht. Auf halbem Wege war die Farbe alle. Die Männer schauten sich an. Und nun? Es war unmöglich, die gleiche Farbe noch einmal zu mischen, nachdem sie beim ersten Mal die Farben aufs Geradewohl zusammengerührt hatten. Und nun war nur noch Aprikose als Grundfarbe übrig, nicht gerade eine neutrale Farbe.

Trotzdem begaben sie sich in den Schuppen und fingen an zu mischen und zu rühren – und zu beten, in der Hoffnung, daß sie nicht alles noch einmal neu streichen mußten. »Menschen, die einer Gemeinde angehören, sind daran gewöhnt, Dinge mit Gott zu regeln«, sagt Pat. »Wir glauben, daß das, was Er tut, perfekt ist. Und obwohl es schön wäre, wenn Er es so täte und nicht so, sind wir gewillt, zu gehorchen.«

Die Gebete der Männer wurden erhört. Denn obwohl sie andere Mengenverhältnisse benutzten und sogar andere Farben, war der neue Farbton genauso wie der alte. »Ein Profi wäre nicht in der Lage gewesen zu sagen, wo wir aufgehört und wieder neu angesetzt hatten«, sagt Pat.

Es ist normal, daß wir für uns selber sorgen wollen. Aber manchmal müssen wir uns Gott zuwenden. Und »wenn wir

Ihn unsere Quelle sein lassen«, erklärt Pat Mullins, »ist das Ergebnis immer erfreulich.«

Geschehen solche Dinge nur, wenn eine Gruppe von Menschen sich versammelt hat? Patricia Story sagt, nein. Sie ist geborene New Yorkerin und lebte bis zum Jahre 1977, als ihr Mann nach Albuquerque versetzt wurde, in einem wohlsituierten Vorort auf Long Island. Die Familie freute sich auf die Abwechslung. Sie kauften Land auf einem malerischen Berg, der zweitausend Meter hoch war, in der Nähe der San Pedro Mountains und stellten dort ihren riesigen Wohnwagen auf, bis sie vielleicht irgendwann ein Haus bauen konnten. Aber ihr Traum erfüllte sich nicht. Pats Mann wurde zuckerkrank, und seine Firma feuerte ihn. Er gründete mit dem bis dahin angesparten Geld ein Geschäft. Aber im Jahre 1985 starb er ganz plötzlich an einem Schlaganfall. Erst nach dem Begräbnis erfuhr Pat, daß er einen Kredit auf seine Lebensversicherung aufgenommen und eine Menge Schulden gemacht hatte.

Ein paar Jahre lang kümmerte sich Pat um das Geschäft und zahlte die meisten Schulden zurück. Aber sie konnte sich keine Wohnung leisten, weil die Mieten zu hoch waren. Ihre jetzt erwachsenen Kinder hatten Schwierigkeiten, eine Anstellung zu finden, besonders im Winter, wenn die Eiseskälte alles nur noch komplizierter machte. Allmählich bekam Pat Probleme mit ihrer Gesundheit. »Ich, die einmal ein Haus mit neun Zimmern besessen hatte, Ferien gemacht hatte, teuren Schmuck besaß, machte mir Kopfzerbrechen darüber, wie ich die Stromrechnung oder den Arzt bezahlen sollte«, sagt sie. Pat war immer nur eine halbherzige Christin gewesen, aber jetzt fing sie an zu beten.

Im Februar 1992 betrug Pats Wasserrechnung 197 Dollar. Sie entdeckte, daß ihr Heißwasserboiler unter dem Wohnwagen ein Loch hatte. »Der Schnee lag einen Meter hoch, und ich hatte es nicht bemerkt«, sagt sie. Aber sie konnte die

Rechnung nicht bezahlen, und das Wasser wurde abgestellt. Einmal am Tag füllte sie nun Eimer mit Schnee zum Waschen und Kochen.

Am 30. März wurde Pats Propangastank mit einhundert Gallonen aufgefüllt. Wenn sie sparsam war, reichte es vielleicht für zwei Monate. Aber was dann? Sie hatte kein Geld mehr, und sie sah sich in ihrem Wohnwagen um: defekte Armaturen, ein Auto, das reif war für den Schrott, ihr Geist und ihr Körper erschöpft ... Vielleicht war das der Moment, in dem sich Pat ganz allein Gott zuwandte. »Ich kann nicht mehr«, sagte sie. »Du hast einmal gesagt, Du würdest für uns sorgen, nun mußt Du es wirklich tun.« Ein paar Wochen später brachte ihr Sohn ihr einen Strauß Rosen mit nach Hause. »Ich habe Arbeit als Gärtner in der Stadt gefunden«, sagte er. »Die wären weggeworfen worden.«

Pat liebte Blumen, und schon seit Ewigkeiten hatte sie keine mehr geschenkt bekommen. Sie stellte sie so hin, daß sie den wunderbaren Duft genießen konnte. Es schienen mehr als nur Blumen zu sein – es war fast wie ein Zeichen, daß etwas Gutes bevorstand.

Nach einer Woche waren die Blumen verblüht. Als sie sie wegwarf, erinnerte sich Pat daran, den Propangastank zu überprüfen. Als sie auf die Anzeige schaute, war sie verblüfft. Im Tank waren noch neunzig Gallonen, obwohl er doch eigentlich nur noch halbvoll sein konnte. War die Anzeige kaputt? Die Gasgesellschaft verneinte und fügte hinzu, daß Pat eben nicht viel Gas verbrauchte.

Aber sie hatte ihre Gewohnheiten eigentlich nicht geändert. Und doch vergingen Monate, und der Zeiger rührte sich nicht. Da die Gasrechnungen ausblieben, konnte Pat sich finanziell erholen – und andere merkwürdige Dinge geschahen. Als ihre teure Brille zerbrach, kaufte ihr ihre Tochter eine Brille für 11,95 Dollar, die besser war als irgendeine andere, die sie zuvor besessen hatte. Ihre zweite Tochter fand zu dem Zeitpunkt Arbeit, als alle neue Kleider brauchten. Nachdem sie vor längerer Zeit einmal gestürzt war, merkte Pat, daß sie sich dabei das Bein gebrochen hatte – aber der Knochen war von selbst wieder zusammengewachsen. Und auch der Gastank wurde nicht leer.

Irgendwann im November, neun Monate nach ihrer letzten Bestellung, nahm Pat eine Gaslieferung für den Winter entgegen. »Ich habe Ihnen weniger als sonst gegeben, denn Sie hatten noch etwas vom letzten Jahr übrig«, sagte der Lieferant. »Merkwürdig, finden Sie nicht?«

Pat findet es nicht merkwürdig. Sie findet es wunderbar. Und das wahre Wunder ist vielleicht nicht das Propangas, sondern ihr wachsendes Vertrauen, weil sie sich Gott geöffnet hat. »Ich weiß nicht, was die Zukunft für uns bereithält, aber wir alle sind Gott näher«, sagt sie. »Ich bete viel häufiger. Und wenn ich etwas teilen kann, dann tue ich es. Ich habe gelernt, daß es hundertfach zurückgegeben wird.«

Bonnie Rose kann sich kaum erinnern, sich jemals nicht einsam und allein gefühlt zu haben. Familienangehörige waren entweder gestorben oder hatten sie verlassen, als sie noch klein war. Und weil sie jetzt eine alleinerziehende Mutter mit zwei kleinen Kindern war, lehnte die Gesellschaft sie ab. Bonnie erhielt staatliche Hilfe in Form von Essensmarken, aber nie verfügte sie über Bargeld. »Ich hatte immer eine Ein-Dollar-Note in meinem Portemonnaie, damit ich nicht vergaß, daß ich ein Mensch war.«

In dieser düsteren und schwierigen Zeit wurde Bonnie sich einer höheren Macht bewußt. Sie kannte Gott nicht, aber eines Tages, sagt sie, »bat ich Ihn um Hilfe dabei, meine Kinder großzuziehen.« Betet man so? Sie konnte mit niemandem darüber sprechen, und ihr einsames Leben ging weiter.

Sie alle satt zu bekommen war ein ständiges Ringen, besonders wenn sie keine Coupons mehr hatte. Eines Sonntags abends schaute Bonnie besorgt in ihre leeren Schränke. Wie sollte sie die Kinder nur satt bekommen? Es gab keine netten Nachbarn, die ihr etwas borgen konnten, keine Sozialküche – nur sie und ihren leeren Kühlschrank.

Normalerweise fand sich immer etwas, aber nicht in jener Woche. Am Dienstagmittag hatte Bonnie endgültig nichts mehr im Haus. Sie zwang sich, ruhig zu bleiben, schaute in allen Schränken nach, in jeder Schublade, sogar unter den Betten. Es war hoffnungslos. Die Kinder weinten vor Hunger, und Bonnie grübelte vor sich hin. Sie kannte niemanden, an den sie sich wenden konnte, niemanden außer Gott. Aber ihr Glaube war so schwach ... Sie holte einmal tief Luft. »Gott, die Kinder müssen essen«, sagte sie nur.

Sofort hatte Bonnie den Drang, noch einmal in alle Schränke zu schauen. Sie zögerte. Hatte sie nicht schon die leeren Regale vergeblich abgesucht? Aber wieder hatte sie dieses merkwürdige Gefühl, und sie öffnete erneut einen der Schränke.

»Da stand plötzlich eine Schachtel mit Makkaroni und Käse«, erinnert sich Bonnie. »Vorher war der Schrank leer gewesen und nun war ich schockiert und dankbar zugleich.« Schnell bereitete sie das Essen zu, und sie und die Kinder aßen und aßen, doch der Topf war immer noch voll – Bonnie stellte ihn in den Kühlschrank, damit sie das Essen noch einmal aufwärmen konnte. Gott hatte ihr zu guter Letzt ihr täglich Brot gegeben.

Von den Makkaroni aßen sie die ganze Woche. Danach war der Topf immer noch fast voll – Bonnie stellte ihn abends in den Kühlschrank und holte ihn am nächsten Tag wieder hervor ... »Viele Wochen aßen wir davon, bis ich wieder einkaufen gehen konnte«, sagt sie. »Ich weiß, daß ich etwas Übernatürliches erlebte. Aber wem konnte ich es erzählen?«

Bonnie hat sich nie gefragt, warum Gott ihr nur eine einfache Schachtel mit Makkaroni gegeben hatte. »Mein Vertrauen ist wie das eines Kindes«, sagt sie. »Ich habe Gott von meinen Problemen erzählt und einfach alles Ihm überlassen.«

AUF EWIG NAH

Der Zufall ist Gottes Art und Weise,
anonym zu bleiben.

VOLKSWEISHEIT

Eileen Bosshart aus Streamwood, Illinois, hatte ein Problem. Eine wichtige Zutat für das Abendessen fehlte ihr, wenn sie noch zum Laden eilte, würde sie sich mit dem Abendessen verspäten – und sie würde zur Chorprobe zu spät kommen. Ach, manchmal war es wirklich nicht einfach, Mutter von neun Kindern zu sein! Eileen verbrachte ihre Tage damit, die Kinder herumzufahren, gleichzeitig mußte sie den Haushalt führen und sich um ihre Angelegenheiten kümmern – Leserbriefe druckfertig machen, eine Religionsklasse unterrichten, eine Küche in der Stadt organisieren, und jetzt ein Abendessen mit anschließendem Tanz vorbereiten, um Spenden für einen Missionar zu sammeln. »Ich versuchte jeden Tag, soviel zu erledigen wie möglich«, sagt Eileen (eine bescheidene Untertreibung). »Aber ich schien mich immer nur abzuhetzen.«

Sie durchsuchte ihre Küchenschränke, schlug Türen zu und zog Schubladen auf. Noch einmal los zu müssen, das war zu viel. Aber ihre Suche blieb erfolglos. Sie mußte noch einmal zum Supermarkt, es blieb ihr nichts anderes übrig. Die jüngste Tochter, die vierjährige Allison, hatte ihr bei ihrer hysterischen Suche zugeschaut, und jetzt begriff sie, daß ihre Mama noch einmal fort wollte. »Darf ich mitkommen, Mama?« Eifrig rannte die Kleine zur Hintertür.

Eileen konnte sich jetzt nicht auch noch von einem kleinen Kind aufhalten lassen. Die Zeit war knapp. Wenn sie zum Geschäft fuhr, schnell fand, was sie brauchte, und wieder zurück nach Hause eilte, konnte sie es schaffen. »Jetzt nicht, Allison.« Eileen hastete an ihrer Tochter vorbei. »Du bleibst hier und siehst mit Mark und Danny fern. Ein andermal nehme ich dich mit, wenn ich es nicht so eilig habe.«

Ihr Wagen war in der Einfahrt geparkt. Gedankenverloren eilte Eileen hinaus, stieg in das Auto und ließ den Motor an. Schnell schaltete sie in den Rückwärtsgang. Sie versuchte es zumindest, aber der Schaltknüppel klemmte. Sie versuchte es noch einmal, zog mit aller Kraft, aber der Schaltknüppel rührte sich nicht. Oh nein, nicht jetzt. Sie hatte doch keine Zeit! Warum schien alles schiefzugehen?

In diesem Augenblick hörte Eileen ein leises Klopfen. Als sie in den Rückspiegel schaute, schien die Zeit stillzustehen. Allisons Blondkopf war durch das Rückfenster kaum zu sehen, aber Eileen sah ihre Tochter direkt hinter dem Auto stehen. Wenn der Schaltknüppel nicht steckengeblieben wäre, wäre sie die Einfahrt hinuntergerast und hätte ihr eigenes Kind überfahren.

»O Allison!« Eileen stieg aus dem Auto, nahm ihre Tochter in den Arm und setzte sie auf den Vordersitz. Das war gerade noch einmal gut gegangen. »Ich saß da, hielt sie fest und betete für ein paar Minuten, bis ich mich wieder gesammelt hatte«, sagt Eileen. »Dann legte ich ohne Probleme den Rückwärtsgang ein, und wir setzten zurück.«

War es ein Zufall, daß der Schaltknüppel nur einmal klemmte und nie wieder? »Ich weiß, daß Gott auf uns achtgibt, ob wir bewußt an Ihn denken oder nicht«, sagt Eileen.

»Ich bin Ihm für immer dankbar, daß Er uns diese furchtbare Tragödie erspart hat.

DIE SCHLACHT

Ah, Närrischster, Blindester, Schwächster
Ich bin der, den du suchtest.

FRANCIS THOMPSON,
»THE HOUND OF HEAVEN«

Als Albert Leo mit seinem Studium begann, hielt er nicht sehr viel von organisierter Religion. Aber Gott war Teil seines Lebens. »Ich hatte oft Dinge erlebt, die wissenschaftlich unerklärbar waren«, sagt Albert. »Mir wurde klar, daß man die Realität nicht unter einem Mikroskop betrachten oder mit elektromagnetischen Strahlen bombardieren konnte, um sie zu messen, zu registrieren und zu klassifizieren.«

Albert war jedoch ein, wie er sagt, dickköpfiger G. I., als er und einige andere Infanteriesoldaten im Jahre 1940 in den Vogesen durch Schnee und Matsch stapften. Sie hatten kleinere Gefechte mit den Deutschen gehabt, und ihre Verluste waren hoch gewesen. Etwa ein Viertel ihrer Kompanie war jetzt krank, verwundet oder tot. »Gewöhnlich marschierten wir nachts, griffen eine von den Deutschen besetzte Stadt in der Dämmerung an, besetzten Häuser und bezogen Verteidigungspositionen in den Vororten«, erklärt Albert.

Ende Dezember beschloß der Kommandeur, die Taktik zu ändern. Eine Nachtpatrouille sollte sich in die nächste Stadt schleichen und Gefangene machen, die man verhören konnte. Albert war einer der Kundschafter.

Er war schon oft knapp dem Tod entronnen. Aber an diesem Abend hatte er eine dunkle Vorahnung, ja beinahe eine Sicherheit, daß er nicht zurückkommen werde. Das Gefühl war so stark, daß er all seine Wertsachen einem Freund gab.

Anstelle der Helme zogen die zwei Soldaten weiße Parkas an, damit sie im Schnee nicht gesehen werden konnten. Dann, sie hatten Granatwerfer dabei, arbeiteten sie sich zentimeterweise den Hügel hinab zu einem Haus. Es stand leer, und so signalisierten sie dem Rest der Truppe, nachzukommen und es zu umgehen. »Denkt dran, *ein* Pfiff auf meiner Pfeife heißt zurück zu dem Haus«, sagte der Truppenführer. »*Zwei* bedeutet zurück hinter die Schußlinie.«

Albert und der andere Soldat eilten weiter gebückt über die zweihundert Meter offenes Feld auf das Dorf zu.

»Albert«, flüsterte der andere, als sie etwa zwei Drittel zurückgelegt hatten. »Ich hab' was gesehen. Ich geh' zurück und sag's dem Truppenführer.«

»In Ordnung.« Während der andere Kundschafter sich auf den Rückweg machte, lag Albert reglos da in der Hoffnung, nicht gesehen zu werden. Dann hörte er Maschinengewehrfeuer aus der Richtung der Stadtmauer direkt vor ihm. Die ersten Salven kamen jedoch nicht in seine Nähe.

Er glaubte sich gut getarnt, aber da links von ihm ein Holzstapel war, beschloß er dorthin zu rennen. Als er sich in Bewegung setzte, bemerkte er einen Blitz bei der Mauer, und Sekunden später sah er nur noch Sterne. Albert spürte, wie er hochgehoben wurde. *So ist es also, wenn man getroffen wird!* dachte er. Merkwürdig, als ihm schwarz vor Augen wurde, hatte er nicht einmal Angst. Er bereute nichts, spürte nur Frieden … und Gottes Nähe.

Die Stunden vergingen. Verschwommen nahm Albert wahr, daß er nicht tot war, sondern nur im Schnee lag. Allmählich fing er an, verschiedene Körperteile zu bewegen, und bemerkte, daß sein rechter Arm verletzt war. Mit seiner Linken zog er die Kapuze ab und preßte sich unbeholfen Schnee an die pochende rechte Schläfe. Wahrscheinlich hatte er eine leichte Wunde davongetragen. Hätte er einen Helm aufgehabt statt der Kapuze, wäre er vielleicht gar nicht verletzt worden. Pech.

Das Feuer wurde eingestellt, und Albert war es, als sei er der einzige Mensch in der stillen Landschaft. Irgendwie schaffte er es, das letzte Stückchen bis zum Holzstapel zu kriechen, und ließ sich dahinter fallen. Jede Minute würde einer seiner Kameraden ihn retten. Er mußte nur bei Bewußtsein bleiben.

Aber er hörte nichts, bis ein schriller Pfiff die Stille unterbrach. Es folgte eine Explosion.

Albert verlor den Mut. Sein Kommandeur rief die Soldaten zurück zum Haus. Wenn er nicht mit von der Partie war, würden alle annehmen, daß ihn das Maschinengewehrfeuer erwischt hatte. Einen Moment später wurden seine schlimmsten Befürchtungen wahr. Die Pfeife erklang zweimal. Die Truppe zog sich zurück und ließ ihn allein.

Nun, nicht ganz allein. Irgendwo hinter der Mauer war noch der deutsche Soldat, der ihn getroffen hatte. Zwanzig Minuten vergingen. Alberts Kopfwunde blutete noch immer, und er würde erfrieren. Aufzugeben war wahrscheinlich seine einzige Chance. In seinem besten Schuldeutsch rief er in die Stille hinein: »Ich brauche Hilfe! Ich ergebe mich!«

Keine Antwort.

Hielt der Soldat es für eine Falle? Albert konnte es ihm nicht verübeln. Aber bis zum Morgen konnte er nicht warten. Dann würde der Deutsche nur noch einen Leichnam finden. Also stand Albert auf. Er konnte tatsächlich laufen! Warum sich also ergeben? Vielleicht konnte er es zurück zu seiner Truppe schaffen. Taumelnd, stolpernd und manchmal fallend, erreichte er das Haus. Keuchend ließ er sich nieder und kühlte seine Kopfwunde mit Schnee. Dann zog er sich hoch und wankte den Hügel hinauf. »Ich wußte den Weg nicht mehr hundertprozentig und hatte das Losungswort vergessen«, sagt er. »Ich rief also immerzu, ich sei ein G. I. und brauche Hilfe.«

Niemand antwortete.

Der Weg schien kein Ende zu nehmen. Er hatte Schmerzen und bekam allmählich Angst, und dann hörte er Schüsse aus der Richtung, aus der er gekommen war. Irgendwann streckte sich ein Arm aus der Dunkelheit nach ihm aus. »Komm, Kamerad«, sagte eine Stimme. »Ich bring' dich ins Lazarett.« Er hatte es geschafft.

Im Krankenhaus fragte ihn ein Arzt, was geschehen war. Und als Albert sein Abenteuer erzählte, lächelte der Doktor und schüttelte den Kopf. »Auf gar keinen Fall, Soldat. Jemand muß sie hergetragen haben. Niemals sind Sie allein hinter die Schußlinie gelaufen.«

»Warum nicht?« fragte Albert. »Es war doch nur ein Streifschuß, oder nicht?«

»Ein Streifschuß! Das Loch in Ihrem Kopf war sechs Zentimeter groß. Wenn Sie einen Helm aufgehabt hätten, wäre das Schrappnell darunter geraten, abgeprallt und hätte sie getötet.«

Albert war durcheinander. Und er hatte geglaubt, der Parka wäre sein Pech gewesen!

»Na, jedenfalls hätten Sie nicht bei Bewußtsein bleiben können. Nicht mit *der* Wunde«, sprach der Arzt weiter. »Und wenn Sie bewußtlos gewesen wären, wären sie durch den Schock oder den Blutverlust gestorben oder anschließend erfroren. Nein.« Er schüttelte den Kopf. »Es gibt keine Erklärung dafür, daß Sie noch am Leben sind.«

Albert lag da, seine Augen waren weit aufgerissen. Er dachte daran, was der andere Kundschafter ihm gesagt hatte, gleich nachdem er hinter der Linie zusammengebrochen war und geklagt hatte. »Warum habt ihr mir keine Deckung gegeben?«

»Das hätten wir schon, aber wir wußten nicht, wie viele Deutsche in dem Bunker waren«, erklärte der Soldat. »Wir zogen uns zurück, um ihn unter Beschuß zu nehmen.«

»Da war doch kein Bunker«, widersprach Albert.

»Doch, gleich links von dir.«

»Das war ein Holzstapel!« sagte Albert. »Die Schüsse kamen von der Mauer, nicht von dort – dahinter hatte ich mich doch versteckt und auf euch gewartet.«

Die Soldaten warfen sich vielsagende Blicke zu. »Wir haben den Bunker beschossen«, sagte der Soldat sanft. »Wenn du dort gewesen wärst, hätten wir dich umgebracht.«

Heute ist Albert Leo einer der Projektleiter des Seaver-Chemieforschungsinstituts in Claremont, Kalifornien. Er ist immer noch von ganzem Herzen Wissenschaftler, aber auch von ganzem Herzen gläubig. Und hin und wieder denkt er an den Krieg damals in Europa. War es nur ein Zufall, daß er den Parka angehabt hatte und keinen Helm? Und daß der Schnee, mit dem er seine scheinbar tödliche Wunde gekühlt hatte, ihm das Leben rettete? Waren es nur seine eigenen Beine gewesen, die ihn die hundert Meter über das offene Feld getragen hatten und dann noch eine halbe Meile den Hügel hinauf? »Wo und wie begegnen wir Gott?« fragt Albert. »Er ist da, wenn wir es am wenigsten erwarten.«

AUF SCHMETTERLINGSFLÜGELN

Alle mystischen Erlebnisse stehen in Konflikt mit der »wirklichen Welt«. Das ist ihre Natur.

DR. MELVIN MORSE, »TRANSFORMED BY THE LIGHT«

»Du schreibst ein Buch über Wunder?« Nancy Montonaro setzte ihre typische skeptische Miene auf. »Meine Tante und mein Onkel hatten ein Erlebnis – nun, du lachst mich wahrscheinlich aus, aber die Familie hat sich immer gewundert ...«

»Erzähl«, sagte ich.

Und das tat Nancy. Ihre Tante Evelyn und ihr Onkel Harvey waren schon lange glücklich verheiratet. Eines Tages mußte Harvey ins Krankenhaus, weil er über Schmerzen klagte. Die Eheleute waren wie vor den Kopf gestoßen, als unheilbarer Knochenkrebs bei ihm diagnostiziert wurde. Wie sollten sie damit fertig werden; nicht nur mit Harveys Krankheit, sondern auch mit der Trauer über solch einen Verlust?

Harvey konnte zurück nach Hause, aber es war eine schwere Zeit. Er wurde immer dünner, und er konnte sich nur noch mit Mühe fortbewegen. Im Stillen betete Evelyn, daß das Ende schnell käme, damit ihr geliebter und tapferer Mann diese Qualen nicht länger ertragen mußte. In ihrer Trauer sehnten sich beide nach Trost, aber keiner konnte ihn dem anderen wirklich spenden.

An einem schönen Sommertag wollte Harvey eine Weile

im Garten sitzen. Gleich als er sich in seinen Stuhl gesetzt hatte, sah er einen riesigen blauen Schmetterling über sich schweben. Nein, es waren *zwei* Schmetterlinge, die vorsichtig seinen Stuhl umflatterten. Harvey saß ganz still und hoffte, daß sie einen Moment lang verweilen würden. Diese Art mußte selten sein – er hatte solche Schmetterlinge noch nicht gesehen.

Die geflügelten Wesen flogen nicht fort, sondern kamen immer näher. Harvey hielt den Atem an. Was wollten sie?

Es war unglaublich, einer setzte sich auf seine Hand, der andere auf seine Schulter.

Im selben Augenblick überkam Harvey ein Gefühl der Ruhe und des Glücks. Die Sonne war warm, der Tag herrlich – und die Schmetterlinge ließen sich nieder, als freuten sie sich mit ihm. Zaghaft studierte Harvey den Schmetterling auf seiner Hand. Nanu, er konnte jede kleine Ader in dem saphirblauen Flügel erkennen und sogar die winzigen Augen und die Mundöffnung. Es war wirklich unglaublich.

Evelyn beobachtete die Szene fasziniert. Woher waren diese strahlenden Wesen gekommen? Sie arbeitete oft im Garten, aber solche Schmetterlinge hatte sie noch nie gesehen. Neugierig wollte sie sie von nahem ansehen, machte leise die Küchentür auf und trat hinaus. Aber obwohl die Schmetterlinge sie weder gesehen noch gehört haben konnten, flogen sie fort. »Oh, ich habe ihnen Angst gemacht!« sagte sie enttäuscht.

»Du hast sie auch gesehen, stimmt's?« fragte Harvey. »Ich dachte schon, ich bilde mir Dinge ein. Waren sie nicht wunderschön?«

Evelyn schaute zu ihrem Mann hinüber. Er schien ganz ruhig zu sein. Offenbar hatten die Schmetterlinge seine Seele besänftigt. Kämen sie doch nur zurück! Aber die Chancen waren gering. Am Tag darauf ging Harvey wieder in den Garten. Und als hätten sie auf ihn gewartet, tauchten die blauen

Schmetterlinge auf, umflatterten ihn und ließen sich nieder – einer auf seiner Hand, der andere auf seiner Schulter. Harvey war verblüfft und entzückt. Aber als Evelyn auch in den Garten kommen wollte, flogen sie erneut davon.

Dieses Schauspiel wiederholte sich mehrmals. Wenn Evelyn oder irgend jemand anderes im Garten war, hielten sich die geflügelten Besucher verborgen. Wenn sie bei Harvey waren und ein Nachbar kam heran, flogen sie schnell davon. Aber immer, wenn Harvey allein in seinem Stuhl saß, brauchte er nur einen Moment zu warten, und sie kamen zu ihm. Unglaublich, die Schmetterlinge bleiben immer genauso lange wie Harvey. »Es ist, als wachen sie über mich«, sagte er einmal zu seiner Frau. »Ich fühle mich so beschützt und geliebt.«

Harvey wurde schwächer, und seine Krankheit schritt voran. Evelyn wußte, daß er nun starke Schmerzen hatte. Aber sie hatte um Trost und Frieden für sie beide gebetet, und sie waren nun nicht mehr so bedrückt. Die Schmetterlinge waren die perfekte Antwort gewesen.

Harvey kam im Herbst ins Krankenhaus und starb bald darauf. Und obwohl Evelyn manchmal in seinem Stuhl saß, weil sie hoffte, die Schmetterlinge kämen zurück in den Garten, sah sie sie nie wieder. Es war, als sei ihre Aufgabe erfüllt. Sie hatten treu gewacht, und dann hatten sie ihren Schützling sicher nach Hause begleitet.

DAS WUNDER IM EINKAUFSZENTRUM

Wenn ich bete, passieren Zufälle, höre ich auf zu beten, passieren keine.

WILLIAM TEMPLE, ERZBISCHOF
VON CANTERBURY

Manchmal kann man den Anfang einer Geschichte nicht rekonstruieren. Aber die Menschen, die den verstorbenen Howard Conatser gekannt haben, den Gründer der Beverly-Hills-Baptisten-Kirche in Dallas, erinnern sich an seine Rechtschaffenheit. Sie wußten, man mußte ihn persönlich überzeugen, daß sich etwas tatsächlich zugetragen hatte, bevor er es mit anderen teilte. Seine Witwe Helen und andere Mitglieder seiner ehemaligen Gemeinde besuchen jetzt die Kirche in Duncanville in Texas und können sich gut an diese Geschichte erinnern:

»Howard hatte es – vielleicht vom Pfarrer selbst – Ende der 70er Jahre auf einem Kongreß in Kalifornien gehört«, sagt Helen Conatser. Der Pfarrer kam nach Hause und erzählte die Geschichte weiter. Er trat damit auch im Fernsehen vor einem landesweiten Publikum auf. »Viele wunderliche Dinge schienen in jener Zeit in unserer Gemeinde vorzufallen und gerade Menschen zu widerfahren, die wir kannten«, sagt Helen. Wir akzeptierten es als Geschenk Gottes und hatten nie das Bedürfnis, die Sache auf die Probe stellen oder nachweisen zu müssen.«

Beth und Margie, zwei jugendliche Schwestern, waren den

ganzen Tag in einem Einkaufszentrum gewesen. Als sie nach Hause fahren wollten, war es bereits dunkel. Sie standen schließlich vor dem Ausgang und konnten kaum die Umrisse ihres Autos erkennen, es stand ganz hinten auf dem schlecht beleuchteten Parkplatz. Die Mädchen warteten ängstlich ab in der Hoffnung, sie könnten zusammen mit ein paar anderen Kunden hinüberlaufen. In der Nähe des Einkaufszentrums hatte es bereits einige Überfälle und Vergewaltigungen gegeben, und sie hatten noch die Warnung ihres Vaters im Ohr: »Bleibt nicht zu lange!«

»Dad wird toben«, sagte Beth.

»Wir machen uns jetzt lieber auf den Weg!« Margie nahm die Tüten in eine Hand, schob die Tür auf und lief, so schnell sie konnte. Beth folgte ihr und schaute furchtsam nach links und nach rechts. Der Verkehr hatte bereits nachgelassen, aber der Parkplatz schien ein bißchen zu ruhig zu sein.

Sie hatten es geschafft! Beth steckte den Schlüssel ins Türschloß, stieg ein und wollte gerade Margie die Tür aufmachen, als die Mädchen Schritte hinter sich hörten. Margie drehte sich um, und ihr blieb beinahe das Herz stehen. Zwei bedrohlich aussehende Männer liefen auf sie zu.

»Ihr fahrt nirgends hin!« rief einer von ihnen den Mädchen zu.

Margie schrie auf. Angsterfüllt stiegen sie ein und verschlossen die Türen gerade noch rechtzeitig.

Zitternd drehte Beth den Schlüssel im Zündschloß herum. Nichts. Sie versuchte es noch einmal und noch einmal. Aber sie hörten nur das Klicken des Schlüssels. Die Batterie war leer.

»Beth, versuch es noch einmal!« Margie wurde langsam hysterisch. Die Männer rissen an den Türen und schlugen gegen die Fenster.

»Ich kann nicht!« schrie Beth. »Er springt nicht an.«

Die Mädchen wußten, sie waren nur noch wenige Sekunden lang in Sicherheit. Schnell faßten sie sich an den Händen und beteten.

»Lieber Gott«, betete Margie, »laß ein Wunder geschehen.«

Daraufhin versuchte Beth es noch einmal. Diesmal sprang der Wagen tatsächlich an. Sie schaltete in den ersten Gang, raste vom Parkplatz und ließ die Männer hinter sich.

Die Mädchen weinten den ganzen Weg nach Hause, sie waren zu Tode erschreckt und gleichzeitig erleichtert. Mit quietschenden Reifen fuhren sie in die Einfahrt. Sie erzählten ihrem Vater sofort, was passiert war. Er nahm sie beide in den Arm. »Ihr seid jetzt in Sicherheit – das ist die Hauptsache«, beruhigte er sie. »Ihr hättet verletzt oder tot sein können. Paßt auf, daß ihr nie wieder in eine solche Situation geratet.«

»Das werden wir«, versprach Margie und trocknete sich die Augen.

Ihr Vater runzelte die Stirn. »Merkwürdig, das Auto ist bisher immer sofort angesprungen. Ich sehe es mir morgen an.«

Früh am nächsten Morgen machte er die Motorhaube auf und wollte den Starter überprüfen und war fassungslos. Jetzt wurde ihm klar, wer die Mädchen letzte Nacht unversehrt nach Hause gebracht hatte.

Die Batterie war nämlich nicht mehr da.

DAS LETZTE WEIHNACHTS-GESCHENK

Kommet, gesegnete Kinder meines Vaters, empfanget das Reich, das euch bereitet war vom Anbeginn der Welt.

AUS EINEM GEBETBUCH

Es war Schnee vorhergesagt worden. Aber die zwölfjährige Betty Wohlfert und ihre zehnjährige Schwester Leonie machten sich darüber keine Gedanken, als sie sich an einem späten Nachmittag des Jahres 1924 mit dem Schlitten, den sie zu Weihnachten geschenkt bekommen hatten, hinausschlichen.

»Dad dachte, wir sind im Haus und helfen Mama, und sie wiederum dachte, wir sind in der Scheune und helfen Dad«, sagt Betty. Statt dessen liefen die Mädchen zu einem Hügel in der Nähe ihrer Farm in Hubbardston, Michigan.

Aufgeregt und atemlos bemerkten sie die Schneeflocken gar nicht – bis plötzlich der Mond verschwunden war und ein starker Wind über das dunkle Land blies. Auf einmal befanden sie sich inmitten eines Schneesturms.

Leonie fing vor lauter Angst an zu weinen. Ihre Tränen gefroren noch auf den Wangen. Sie wollte sprechen, aber der Wind wehte ihre Wörter fort. »Weine nicht, Leonie.« Betty umschlang ihre Schwester und versuchte sie zu trösten, aber auch sie bekam nun Angst. Sie hatte die Orientierung verloren und wußte nicht mehr, wo ihr Haus war. Würden sie erfrieren?

»Hey!« durchbrach plötzlich eine männliche Stimme die Stille. »Ihr braucht wohl Hilfe! Springt auf den Schlitten und haltet euch fest – ich bringe euch nach Hause.«

Wer war das? Es war unmöglich, durch den Schnee irgend etwas zu erkennen. »Aber du weißt doch gar nicht, wo unser Haus ist«, rief Betty. Hatte ihr Vater sie nicht vor Fremden gewarnt?

»Selbstverständlich weiß ich das!« rief er zurück.

Ach herrje, es war Joe. Joe Martin! Erleichtert erkannte Betty die Stimme des Siebzehnjährigen, der eine Meile weiter die Straße hinunter wohnte und einer der nettesten Menschen war, die sie kannte. Welch ein Glück, daß sie ihn auf diesem abgelegenen Hügel getroffen hatten!

»Springt auf«, befahl Joe wieder, und beide Mädchen gehorchten. Sie konnten nur schwach seine Silhouette erkennen, als er sich zu ihnen hinunterbeugte, um die Schnur aufzunehmen. Dann ging es los. Sie hielten sich fest, und Joe zog sie über das Feld.

Ohne ihn hätten sie das Licht des Küchenfensters sicher nie gefunden – selbst altbekannte Wegweiser waren in den Schneewirbeln nicht mehr zu erkennen. Aber Joe hielt genau vor der Hintertür ihrer Farm. »Ihr seid nun zu Hause«, rief er durch den Wind und war erstaunlicherweise fast gar nicht außer Atem. »Steigt ab und geht hinein.«

»Komm doch mit und wärm dich auf, Joe«, rief Betty ihm zu, während sie durch den Schnee stapfte.

Aber niemand antwortete. Joe war schon fort.

Ein paar Tage später gingen die Mädchen zusammen mit ihrem Vater zum Haus der Martins. Mrs. Martin begrüßte sie, führte sie durch den Flur und öffnete dann eine Tür. Alle schauten neugierig hinein.

Drinnen lag Joe im Bett, er sah blaß und müde aus. »Hatte er sich in dem Sturm erkältet?« fragte sich Betty.

»Joe, ich bin gekommen, um dir dafür zu danken, wie du dich um meine Töchter gekümmert hast«, sagte Bettys Vater.

Joe und seine Mutter schauten einander verwirrt an.

»Vorgestern nacht, Joe«, sagte Betty gleich, »als du uns gefunden und nach Hause gebracht hast.«

»Kein halbwegs vernünftiger Mensch wäre in diesem Sturm rausgegangen«, protestierte Mrs. Martin, »am wenigsten Joe.«

»Aber –«

»Sehen Sie, er hat Grippe«, sprach sie weiter, und Joe nickte schwach. »Ich habe fast jede Minute an seinem Bett gesessen. Er hat sein Zimmer nicht verlassen, geschweige denn das Haus, und zwar die ganze letzte Woche nicht.«

Betty und Leonie fanden nie heraus, wie es Joe angestellt hatte, zur selben Zeit an zwei Orten zu sein. Aber es war ein Geschenk, das sie mit Freuden annahmen. Weihnachten war nun vorbei – aber Gott hatte das beste Geschenk bis zuletzt aufgehoben.

IN DEN ARMEN EINES ENGELS

Einer, der nicht an Wunder glaubt,
ist kein Realist.

DAVID BEN-GURION,
PREMIERMINISTER VON ISRAEL

Am 24. Oktober 1993 fiel der fünfjährige Paul Rosen aus dem Fenster eines sechsstöckigen Appartmenthauses an der New Yorker East Side – er erlitt jedoch weder äußere noch innere Verletzungen. »Verblüffte Sanitäter, an Unfallopfer solcher Art gewöhnt, versorgten statt dessen einen kerngesunden Jungen«, schrieb die New Yorker *Daily News*. Ein Sanitäter sagte später: »Es war, als hätten Engel ihn aufgefangen.«

Viele Leser erzählten auch, daß Gott die Gesetze der Schwerkraft aufhebe. Vor einigen Jahren machte Janet Dean das Schlafzimmer in ihrem zweistöckigen Haus in Wenonah, New Jersey, gründlich sauber. »Ich zog das Bettzeug ab und hatte die Fliegenfenster abgenommen, um die Betten auslüften zu lassen und sie zu schütteln«, sagt sie. Vor dem Fenster stand ein leichter Korbstuhl, den Janet nicht beiseite geschoben hatte. In diesem Moment stürzte Janets zweijährige Tochter Debra ins Zimmer. Debra war ein Energiebündel, lief immer aufgeregt herum, war neugierig und aufgeweckt. Sie rannte an Janet vorbei und sprang auf den Korbstuhl. Der Stuhl kippte nach hinten, und voller Schrecken sah Janet, wie Debra mit dem Kopf zuerst aus dem Fenster fiel.

»Gott, steh mir bei!« schrie Janet.

In diesem Moment schien Debra in der Luft stehen zu bleiben. Es entstand eine kurze – und ungewöhnliche – Pause. »Dann«, sagt Janet, »als spule man einen Film zurück, kam Debra zurück durchs Fenster geflogen, Füße zuerst, und stand wieder auf dem Stuhl.«

»O Debra!« Janet packte ihre Tochter und umschlang sie. Sie hatte es mit eigenen Augen gesehen. Debra war der lebende Beweis für ein Wunder. Aber wie? Warum?

»Ich habe aufgehört, danach zu fragen«, sagt sie heute. »Ich bin einfach nur dankbar.«

Jerry, ein erfahrener Gärtner, teilte seine Geschichte dem lokalen Radio in Omaha mit. Eines Tages saß er auf einem Ast zehn oder fünfzehn Meter hoch über dem Boden und sägte mit einer Kreissäge kleine Seitentriebe ab. »Ich hätte vorsichtiger sein sollen«, gab Jerry zu, »aber ich hatte den Ast nicht geprüft.« Plötzlich hörte er ein Knacken. Der Ast gab nach, und Jerry stürzte hinab, die laufende Säge hielt er immer noch in der Hand.

Mehrere Möglichkeiten schossen ihm in Bruchteilen von Sekunden durch den Kopf. Sollte er die Säge fallen lassen? Was, wenn sie einen Arbeiter traf? Konnte er sie wegschleudern? Nein, sie war zu schwer, und die tödlichen Sägeblätter könnten ihn verletzen. Aber wenn er sie festhielt, würde er dann nicht auf die Säge fallen? »Es ist merkwürdig, daß mir all das in dieser kurzen Zeit durch den Kopf ging«, sagt Jerry. Da er aber offenbar sowieso sterben würde, beschloß er, gar nichts zu tun.

Schließlich prallte er auf. Aber es war, als sei er auf einem großen Kissen gelandet und nicht auf dem harten Boden. Er spürte nur ein kleines Rückfedern, dann nichts mehr, als hätten Hände den Aufprall gedämpft. Verblüfft blieb er einen Moment lang liegen. Dann erhob er sich. Er hatte sich nichts

gebrochen, nicht einmal geprellt. Seine verwunderten Kollegen umringten ihn, und er machte zwei oder drei zaghafte Schritte auf sie zu. Dann entsann sich Jerry des tödlichen Werkzeugs, das er in der Hand gehalten hatte. Wo war die Kreissäge?

Es dauerte nicht lange, bis er sie gefunden hatte. Er folgte nur dem Motorengeräusch. Sie lag auf dem Rasen im Garten, so weit weg, wie er sie unmöglich hätte geworfen haben können. Und niemand hatte sie herunterfallen sehen.

Jerry kletterte kurz darauf wieder auf den Baum und nahm seine Arbeit auf. Aber er spricht immer noch davon, was alles hätte passieren können, wenn nicht göttliche Hände eingegriffen hätten.

Clair erzählte den Zuhörern der Radiostation in Denver von dem Tag, an dem seine Frau, seine beiden kleinen Kinder und das Baby einen Ausflug machten. »Alle waren angeschnallt, nur das Baby nicht. Es lag auf dem Rücksitz in einer Korbkindertrage«, erklärte Clair. »Wir hätten sie nicht dort hinlegen sollen, aber wir hatten einfach nicht nachgedacht.« Auf einer verkehrsreichen Straße verlor Clair die Kontrolle über den Kombi. Sie überschlugen sich zweimal, und das Auto blieb auf der Seite liegen. Benommen schaute Clair erst zu seiner Frau. Es schien ihr gutzugehen. Dann drehte er sich zu den Kindern um – und schrie auf. Die beiden Kleinen waren noch angeschnallt und offenbar unverletzt. Der Kindertragekorb aber lag auf dem Boden. Die Klappe des Kombis war aufgegangen – und Clair sah das Baby auf der Straße liegen. »Mein erster Gedanke war, das Baby ist tot und ich muß es holen, bevor meine Frau es tut«, sagte Clair. Er stieg aus und fing an zu laufen ... Menschen standen am Straßenrand und starrten die Kleine an. Warum nahm sie denn niemand hoch? Und warum lag sie denn noch auf dem Asphalt, so kalt und so still? Es spürte einen Kloß im Hals.

Aber als Clair seine Tochter erreichte, sah er, daß es keinen Grund zur Trauer gab. Das Baby lag auf dem Asphalt, aber es lächelte, plapperte und strampelte – und hatte nicht einmal einen blauen Fleck abbekommen.

Dann erfuhr er, warum die Menschen gezögert hatten, sie zu berühren. »Es war ein Wunder«, erzählten sie ihm. »Das Baby flog durch die offene Heckklappe, bestimmt zwei Meter weit durch die Luft!«

Dann war sie jedoch einfach in der Luft stehengeblieben und langsam herabgeschwebt.

Margy und Jared Nesset besaßen eine Ranch außerhalb von Lander in Wyoming. Im Sommer konnten sie ihr Vieh in den Wind-River-Mountains grasen lassen. Dort gab es zweiundzwanzigtausend Hektar wunderbarer Berglandschaft und viele Weidenflächen. Einmal in der Woche ritten Jared und Margy dort hinauf, um nach der Herde zu sehen.

Eines Tages ritten die beiden wieder einmal dorthin und genossen dabei die goldene Schönheit der Landschaft. Plötzlich scheute Margys Pferd. Es bäumte sich auf, bockte und warf sie ab.

Jared schaute erschrocken zu. Der Boden war steinig, und es sah so aus, als hätte sich Margys Fuß im Steigbügel verfangen. Sie würde über die Steine geschleift werden, bevor er sie zu fassen bekam, und sich vielleicht sogar die Knochen brechen.

»Wenn dich ein Pferd abwirft«, erklärt Margy, »geht kein Weg daran vorbei, daß man sich wehtut.«

Und dann war es Jared, als bewege sich alles in Zeitlupe, wie eine Wiederholung im Fernsehen. Das Pferd schien in Zeitlupe auszuschlagen und Margy fiel ebenso langsam zu Boden, nicht in rasender Geschwindigkeit, sondern beinahe *schwebend.*

Bildete er sich das nur ein?

Nein. Denn Margy ging es genauso. »Es war, als schwebte ich hinab. Ich prallte nicht auf dem Boden auf – ich wurde fast dort hingelegt.« Ihr Fuß steckte noch im Steigbügel, und das Pferd fing an, sie hinter sich herzuziehen, blieb dann aber aus unerklärlichen Gründen stehen. Sie hatte nur einen Kratzer am Ellenbogen davongetragen.

Verblüfft stand Margy auf und lief zu ihrem Mann. »Hast du das gesehen?« fragte sie. Jared ist der Logiker der Familie, und sie glaubte, er könne ihr ihre Einbildung erklären.

Aber auch er hatte keine Erklärung für das Geschehen. Was er gesehen hatte, belegte Margys Erlebnis. Jared betrachtete es auch noch aus einem anderen Blickwinkel; er war Zeuge von etwas Besonderem geworden.

Seitdem sind mehrere Jahre vergangen, aber Margy kann sich an den Sturz noch deutlich erinnern, »so wie man jedes Detail der Ermordung von Präsident Kennedy im Gedächtnis hat«, sagt sie.

Wer hatte die unsichtbare Hilfe geschickt? Als sie ihre Geschichte einem Freund erzählten, der Pfarrer ist, sagte er, daß es vielleicht ihr kranker Sohn Michael war, der mit neunzehn bei einem Traktorunfall ums Leben gekommen war. »Mike war stark gewesen, und er hatte Pferde geliebt« erinnert sich Margy. »Und nachdem wir ihm neunzehn Jahre lang geholfen hatten, ist es aufregend zu wissen, daß es jetzt andersherum funktioniert – daß er uns vom Himmel aus hilft.« Oder vielleicht waren die unsichtbaren Hände die eines Engels.

Wie die Antwort auch immer lautet, dieser Vorfall hat Margys Leben verändert. »Ich habe einen wunderbaren neuen Frieden gefunden«, sagt sie.

DER RUF GOTTES

Öffnet eure Ohren und öffnet eure Herzen. Hört mir gut zu. Ihr seid nie im Stich gelassen worden. Auch war Gott nie weit von euch, nicht einmal in eurer dunkelsten Stunde …

JOSEPH F. GIRZONE, »JOSHUA«

Ken Gaub hatte schon immer den Wunsch gehabt, denen zu helfen, die Not litten. »Manche Leute brauchen eine kleine Aufmunterung, und ich wollte ihr Leben positiv beeinflussen«, sagt er. Er wurde reisender Missionar und unternahm zusammen mit seiner Familie nicht nur Reisen in Amerika, sondern auch ins Ausland. Er rief eine Zeitschrift, eine Radiostation und ein Fernsehprogramm ins Leben, ein Programm, um die Jugend zu erreichen.

Aber manchmal verlieren sogar Prediger den Mut und sie fragen sich, ob sie nicht lieber etwas anderes tun sollten. Genauso ging es Ken im Jahre 1970, als er, seine Frau Barbara und die Kinder mit ihren blauen Bussen auf der Autobahn südlich von Dayton in Ohio unterwegs waren. *Gott, tue ich etwas Gutes, wenn ich so herumreise und den Menschen von Dir erzähle?* fragte er sich im stillen. *Willst Du, daß ich das tue?*

»Hey, Dad, laß uns Pizza essen gehen!« schlug einer von Kens Söhnen vor. Noch in Gedanken fuhr Ken ab auf die Route 741, wo ein Schild nach dem anderen für eine Vielzahl von Schnellrestaurants warb. *Ein Zeichen*, dachte Ken. *Das ist es, was ich brauche.*

Kens Sohn und seine Schwiegertochter hatten den zweiten

Bus schon auf den Parkplatz einer Pizzeria gefahren und warteten, als Ken neben ihnen parkte. Alle stiegen aus, nur Ken starrte ins Leere.

»Kommst du?« wollte Barbara wissen.

»Ich habe keinen Hunger«, sagte Ken. »Ich bleibe hier und vertrete mir die Beine.«

Barbara ging mit den anderen ins Restaurant, und Ken stieg aus, verriegelte die Türen und blickte sich um. Er entdeckte eine Eisdiele und schlenderte los, kaufte sich ein Soda und spazierte zurück, er war immer noch nachdenklich, und er war müde. Aber war sein Trübsinn ein Zeichen dafür, daß er es satt hatte? Ein anhaltendes Klingeln schreckte Ken auf. Es kam von einem Münzfernsprecher bei der Tankstelle neben der Eisdiele. Ken näherte sich der Telefonzelle und schaute sich um, ob jemand kam. Aber der Tankwart arbeitete weiter und schien das Klingeln gar nicht zu hören.

»Warum ging niemand ran?« fragte sich Ken und wurde wütend. Was, wenn es sich um einen Notruf handelte?

Das Klingeln hörte nicht auf. Zehn Klingelzeichen, fünfzehn …

Kens Neugier siegte. Er ging zur Telefonzelle und nahm den Hörer ab. »Hallo?«

»Ferngespräch für Ken Gaub«, sagte die Stimme der Telefonistin.

Ken war überwältigt. »Sie sind verrückt!« sagte er. Dann, als er sich seiner Unfreundlichkeit bewußt wurde, versuchte er sich zu rechtfertigen. »Das kann nicht sein! Ich ging hier gerade spazieren und das Telefon klingelte –«

Das Fräulein vom Amt ignorierte sein Gestammel. »Ist dort Ken Gaub?« fragte sie. »Ich habe ein Ferngespräch für ihn.«

Sollte das ein Witz sein? Automatisch strich Ken sein Haar glatt, denn gleich würde das Team von »Versteckte Kamera«

auftauchen. Aber niemand war zu sehen. Seine Familie aß in irgendeinem x-beliebigen Restaurant Pizza, nur ein paar Meter von ihm entfernt. Und niemand sonst wußte, daß er hier war. »Ein Ferngespräch für Ken Gaub, Sir«, wiederholte die Telefonistin ungeduldig. »Ist er da oder nicht?«

»Ich bin Ken Gaub«, sagte Ken und konnte sich immer noch keinen Reim darauf machen.

»Sind Sie sicher?« fragte das Fräulein, aber in diesem Moment hörte Ken die Stimme einer anderen Frau.

»Ja, das ist er, Fräulein!« sagte sie. »Mr. Gaub, ich heiße Millie. Ich wohne in Harrisburg, Pennsylvania. Sie kennen mich nicht, aber ich bin verzweifelt. Bitte, helfen Sie mir.«

»Was kann ich für Sie tun?« fragte Ken. Die Telefonistin legte auf. Millie fing an zu weinen und Ken wartete geduldig, bis sie sich wieder beruhigt hatte. Endlich erklärte sie: »Ich wollte mir das Leben nehmen und fing an, einen Abschiedsbrief zu schreiben. Dann begann ich zu beten und sagte Gott, daß ich es wirklich tun wollte.« Inmitten ihrer Verzweiflung jedoch erinnerte sich Millie an Ken und seine Fernsehsendung. Könnte sie doch nur mit diesem netten Pfarrer sprechen, mit dem, der so viel Verständnis zu haben schien …

»Ich wußte, es war unmöglich, denn ich hatte ja keine Ahnung, wie ich Sie erreichen sollte«, fuhr Millie fort, sie war jetzt sichtlich ruhiger. »Also schrieb ich den Brief zu Ende. Und dann sah ich vor meinem inneren Auge Zahlen, und ich notierte sie.« Sie fing wieder an zu weinen. Still betete Ken um Hilfe für sie.

»Ich las diese Zahlen«, fuhr Millie schluchzend fort, »und ich dachte – wäre es nicht großartig, wenn ein Wunder geschähe und Gott mir Kens Telefonnummer gegeben hat? Ich kann nicht glauben, daß ich mit Ihnen spreche. Sind Sie in Ihrem Büro in Kalifornien?«

»Ich habe kein Büro in Kalifornien«, erwiderte Ken. »Mein Büro ist in Yakima, Washington.«

»Wo sind Sie dann?« fragte Millie erstaunt.

Ken war nun noch verwirrter. »Millie, wissen Sie das denn nicht? Sie haben mich angerufen.«

»Aber ich kenne die Vorwahl nicht.« Millie hatte die Fernsprechvermittlung angerufen und die Nummer durchgegeben. Und irgendwie hatte sie Ken auf diesem Parkplatz gefunden, in Dayton, Ohio.

Ken versuchte die Frau zu beruhigen. Bald würde sie den Einen finden, der sie aus ihrer Lage in ein neues Leben führen würde. Dann legte er auf. Würde ihm seine Familie diese unglaubliche Geschichte abnehmen? Vielleicht sollte er sie besser niemandem erzählen.

Aber er hatte um ein Zeichen gebeten und erhalten, was er brauchte – eine neue Bestimmung, eine schwache Ahnung, daß seine Arbeit einen Wert hatte, ein elektrisierendes Bewußtsein, daß Gott Anteil an Seinen Kindern nahm – alles in Gestalt einer Begegnung, die nur vom Himmlischen Vater hatte eingefädelt werden können.

Ken war jetzt überglücklich. »Barb«, rief er, als seine Frau in den Bus stieg. »Du wirst es nicht glauben, aber Gott weiß, wo ich bin.«

NOCH EIN ANFANG

EPILOG

Ich weiß nicht, wo das Land Eden liegt;
Ich weiß nur, es ist wie in Gottes
Königreich,
immer zur Hand – Immer in Deiner Reich-
weite.

JOAQUIN MILLER, »WITH LOVE
TO YOU AND YOURS«

Von Geburt an ist unser Leben voller Wunder. Denn wir alle sind Kinder Gottes, und jeder ist etwas Besonderes. »Ich habe dich bei deinem Namen gerufen, du bist mein«, sagt Gott uns in Jesaja 43,1.

Wir scheinen unser Leben mit diesem Trost zu beginnen. Beobachten Sie einmal Säuglinge und Kleinkinder und wie sie auf ihre Welt reagieren. Für sie ist jeder Moment ein Wunder der Freude, der Verwunderung und der Entdeckung.

Aber irgend etwas passiert mit uns auf unserem Weg. Wir sind so beschäftigt mit dem Leben, daß wir oft den Schöpfer aus den Augen verlieren, seinen Plan und die Wunder übersehen, die er uns mit der Dämmerung eines jeden Tages beschert. Das Leben ist schwer, und es ist nicht immer alles so, wie wir es uns wünschen. Manchmal fragen wir uns sogar, ob Gott überhaupt existiert.

Aber gerade in solchen Momenten der Verzweiflung und Trostlosigkeit können wir – wenn wir es wollen – unsere eigenen Wunder der Liebe und Fürsorge vollbringen:

Wir können über uns hinauswachsen und das Leben anderer bereichern.

Wir dürfen in schweren Zeiten die Hoffnung nicht verlieren und können daraus neuen Mut schöpfen.

Wir können die Gefahr der Ablehnung riskieren und da unsere Hilfe anbieten, wo sie gebraucht wird.

Wir können Verantwortung tragen.

Wir können vergeben, wie auch uns vergeben werden soll.

Wir können einander lieben, auch wenn es Zeiten gibt, in denen wir das Gute, das die Liebe vollbringt, nicht erkennen.

Wir können durch das Leben gehen und zeigen, was wir fühlen, in dem Bewußtsein, daß die Welt ein wenig besser sein wird als zuvor, wenn unsere Reise zu Ende geht.

Und wenn wir uns einander vertrauensvoll zuwenden, wird etwas Wunderbares geschehen. Denn wir werden erkennen, daß wir uns Gott zuwenden – und daß Gott sich uns zuwendet, weil Er Anteil an dem Guten nimmt, das wir vollbringen, uns so nahe ist wie ein geflüstertes Gebet.

Wunder sind keine uralten, längst vergessenen Ereignisse. Sie geschehen heute, hier und jetzt. Um uns herum geschehen täglich Wunder. Es ist immer so gewesen, und es wird immer so sein.